Adriano Mannino

Wen rette ich – und wenn ja, wie viele?

Über Triage und Verteilungsgerechtigkeit

Reclam

Weiterführendes Material zum Buch findet sich auf:
www.katastrophenethik.de

RECLAMS UNIVERSAL-BIBLIOTHEK Nr. 14068
2021 Philipp Reclam jun. Verlag GmbH,
Siemensstraße 32, 71254 Ditzingen
Gestaltung: Cornelia Feyll, Friedrich Forssman
Druck und Bindung: Eberl & Koesel GmbH & Co. KG,
Am Buchweg 1, 87452 Altusried-Krugzell
Printed in Germany 2021

ISBN 978-3-15-014068-0

Auch als E-Book erhältlich

www.reclam.de

Inhalt

Manche Leute glauben, dass es in der Ethik keinen Fortschritt geben kann, da alles schon gesagt wurde. Mit Rawls und Nagel glaube ich das Gegenteil. […] Wir können noch nicht vorhersagen, ob wir, wie in der Mathematik, alle zur Übereinstimmung gelangen werden. Da wir nicht wissen können, wie sich die Ethik weiterentwickeln wird, ist es nicht unvernünftig, große Hoffnungen zu hegen.

Derek Parfit[1]

1 D. P., *Reasons and Persons*, Oxford 1984, S. 453 f. (Übersetzung A. M.).

Vorwort

Die Frage, wie knappe medizinische Ressourcen im Falle eines Massenandrangs von Patient*innen zu verteilen sind, hat unsere Gesellschaften seit der ersten Corona-Welle intensiv beschäftigt. Was tun, wenn die Beatmungsplätze oder das Personal auf den Intensivstationen plötzlich nicht mehr ausreichen, um alle Patient*innen zu behandeln, wenn manche Patient*innen also notgedrungen aussortiert werden müssen? Ist es zulässig, die Patient*innen nach bestimmten Kriterien in vor- und nachrangige Gruppen einzuteilen? Oder wäre es gerecht, per Zufallsverfahren zu entscheiden, so dass jede Person die gleiche Überlebenschance erhält? Und was schulden wir jenen, die solch tragische Entscheidungen über Leben und Tod treffen müssen?

Wir hatten es in diesen Fragen verpasst, ethisch und rechtlich auf Vorrat zu denken, und waren deshalb gezwungen, gesellschaftlich unter Zeitdruck zu philosophieren.[1] Das ist problematisch, denn ethische Verständigung braucht Zeit, wenn sie tragfähig sein soll. Wir sind uns ethisch – seit mehr als 2500 Jahren – oft uneins und werden doch den Eindruck nicht los, es gebe bessere und schlechtere Antworten auf ethische Fragen, die wir auch auffinden oder ausarbeiten können. (Wie sonst wären die Phänomene des historischen moralischen Fortschritts und der individuellen moralphilosophischen Einsicht zu erklären?) Und dennoch werden wir unsere Meinungsverschiedenheiten so

1 Vgl. Nikil Mukerji / Adriano Mannino, *Covid-19: Was in der Krise zählt. Über Philosophie in Echtzeit*, Stuttgart 2020.

schnell nicht überwinden, sondern müssen Wege finden, unter den Bedingungen ethischer Unsicherheit und Uneinigkeit gesellschaftlich vernünftig zu handeln.

Die Medizinethikerin Bettina Schöne-Seifert kommentierte das Geschehen während der ersten Corona-Welle im Frühjahr 2020 hellsichtig: »Die Tragik theoretischer Meinungsverschiedenheiten in Ethik und Recht ist mit Wucht in der Wirklichkeit angekommen.«[2] Der vorliegende Essay versteht sich als Beitrag zum Umgang mit diesen Meinungsverschiedenheiten. Vielleicht gelingt es, den einen oder anderen Dissens zumindest abzuschwächen und die Debatte fruchtbar fortzuspinnen. Wir treten dazu in ein systematisches Gespräch mit Ethiker*innen, Jurist*innen, Mediziner*innen, Journalist*innen und weiteren Denker*innen ein, die unlängst mit den Fragen gerungen haben, die Triage-Situationen uns aufgeben.

2 Bettina Schöne-Seifert, »Wen soll man sterben lassen?«, in: *Frankfurter Allgemeine Zeitung*, 31. 4. 2020.

1. Zum Ursprung der Triage in der Kriegsmedizin oder: Sind wir Ärzt*innen auf dem Schlachtfeld einer Notstandswelt?

Leichen und Verletzte, so weit das Auge reicht. Dominique Jean Larrey (1766–1842) versucht, sich auf dem Schlachtfeld zu orientieren. Wo beginnen? Wie dem unermesslichen Leid begegnen? Der militärische Chefarzt Napoleons weist seine Leute an, die verletzten Soldaten – unabhängig von Nationalität und militärischem Rang – in drei Gruppen einzuteilen. Erstens die Schwerverletzten, die noch gerettet werden können; zweitens die Leichtverletzten; drittens die Schwerverletzten, denen aller Wahrscheinlichkeit nach nicht mehr (rechtzeitig) geholfen werden kann. Damit die Leichtverletzten sich nicht unerkannt Zugang zu den für Schwerverletzte reservierten Ressourcen verschaffen können, werden alle Soldaten mit einem Farbklecks markiert, der sie einer Gruppe zuordnet.

Die extensiven Feldzüge der französischen Revolutionsarmeen während der Koalitionskriege (1792–1815) führten zu verschiedenen Neuerungen im militärischen Sanitätswesen, zu denen Larrey entscheidend beitrug. Unter anderem verbesserte er mit seinen *ambulances volantes* (den fliegenden Lazaretten, die für das Rote Kreuz zum Vorbild wurden) den Transport verwundeter Soldaten und erzielte mit Triage-Methoden[1] beachtliche Erfolge: Bis zu 80 % der von ihm Amputierten überlebten, was die damals übliche Erfolgsquote weit überstieg. Er war hochgeschätzt bei

1 Nach frz. *trier*: sortieren, sichten, auswählen.

Freund und Feind[2] und starb im relativ hohen Alter von 76 Jahren.

Wie viele seiner Kollegen hatte Larrey einen dezidiert humanitären, ethischen Fokus: Es ging ihm darum, frei von Diskriminierung möglichst viele Leben zu retten. Dass diese ethische Logik mit der militärisch-strategischen in Konflikt geraten kann, zeigte sich schnell. So wirkten die französischen Generäle oft darauf hin, dass die leichtverletzten französischen Soldaten zuerst behandelt wurden, weil diese – im Gegensatz zu den schwerverletzten – schnell wieder an die Kriegsfront zurückkehren konnten.

Strategische Erwägungen dieser Art können auch ethische Komplikationen erzeugen: Nehmen wir an, eine Kriegspartei führe einen gerechten Krieg gegen eine Armee, die von einem tyrannischen Menschenschlächter angeführt wird. In diesem Fall scheint es auch ethisch höchst bedeutsam, die erfolgversprechendste Kriegsstrategie zu unterstützen, eben um den Tyrannen zu besiegen und zu stürzen. Doch wie können Ärzt*innen ihrem Berufsethos unter solchen Bedingungen gerecht werden? Der Hippokratische Eid wies die medizinische Zunft an, Menschen bestmöglich »vor Schaden und willkürlichem Unrecht« zu bewahren. Es ist leider nicht ausgeschlossen, dass dieser Imperativ manchmal nahelegt, prioritär darauf hinzuwirken, dass (eigene) leichtverletzte Soldaten schnellstmög-

2 Als einziger Soldat Frankreichs wurde er auch von Blücher und Wellington, den Anführern der preußischen bzw. britischen Armeen, geradezu verehrt. In Waterloo wies Wellington seine Streitkräfte an, das französische Lazarett im Zentrum des Schlachtfeldes zu verschonen, das Larrey als Chefchirurg betreute. Blücher lud ihn nach der Schlacht zum Essen ein.

lich wieder einsatzbereit sind, während schwerverletzte Soldaten sterben, die hätten gerettet werden können.

Ähnlich können Naturkatastrophen die Frage aufwerfen, ob sogenanntes systemrelevantes Personal im Triage-Fall bevorzugt behandelt werden sollte, damit es schnellstmöglich an die »Front« zurückkehren kann, etwa im »Krieg« gegen ein aggressives Virus, dessen exponentielle Ausbreitung die Intensivstationen überlastet.

Ob militärisch oder zivil, das erste Gebot der Triage muss lauten: *Vermeide es nach Kräften, triagieren zu müssen.* Im Kontext einer Pandemie bedeutet dies: wirksame Prävention (etwa durch Impfstoffforschung und -produktionskapazitäten, Maskenvorräte, Teststrategien, Tracking-Apps, Reisesperren und Quarantänemaßnahmen), frühzeitige Lockdowns, die Aufstockung der Intensivbetten und als *ultima ratio* die Notverlegung von Patient*innen in Krankenhäuser, die noch Betten freihaben. Letzteres ist insbesondere während der ersten Corona-Welle in Europa nicht hinreichend geschehen – mit tragischen Folgen.[3]

Reichen die lebensrettenden Ressourcen am Ende trotzdem nicht für alle Patient*innen aus, stellt sich die Frage: Darf man – ethisch und rechtlich gesehen – bestimmte Auswahlkriterien anwenden, und wenn ja, welche?

Dieser Frage stellen wir uns in den folgenden Kapiteln. Wir konzentrieren uns zunächst auf die »Mikro-Triage«, also die Triage im engeren Sinne, wie sie im Feldlazarett oder auf der Intensivstation erforderlich werden kann. Wen sol-

3 Vgl. Mathias Wirth [u. a.], »The Meaning of Care and Ethics to Mitigate the Harshness of Triage in Second-Wave Scenario Planning During the Covid-19 Pandemic«, in: *American Journal of Bioethics* 20 (2020) H. 7. S. W17–W19.

len wir in solchen Situationen retten, und wie viele? Was bedeutet Verteilungsgerechtigkeit im Notstand, wenn die lebensrettenden Ressourcen knapp sind?

Kapitel 2 gibt einen Überblick über die möglichen Triage-Verfahren und -Kriterien, wie sie im Kontext der Pandemie Gegenstand einer öffentlichen Debatte waren und sind.

Kapitel 3 stößt zu den ethischen Grundfragen vor, von denen die Legitimität der kontroversen Triage-Kriterien abhängt.

Kapitel 4 fragt nach dem Verhältnis von Ethik und Recht im vorliegenden Kontext: Gibt es Gründe, das Triage-Recht von der Triage-Ethik abweichen zu lassen, so dass strittige Triage-Kriterien ethisch zwar plausibel wären, rechtlich aber nicht geboten oder gar verboten sein sollten?

Im letzten Kapitel schließlich weiten wir den Blick und erörtern Fragen der gesellschaftlichen »Makro-Triage«, insbesondere: Wie sind »Risikogruppen« zu bestimmen, denen Schutzressourcen (etwa: Impfstoffe) prioritär zukommen sollen? Und wem ist in globaler Perspektive zu helfen, wenn Phänomene wie extreme Armut, Flucht und Migration oder Umweltschäden weit mehr Opfer fordern, als unsere Hilfsressourcen verhindern können? Sind wir gleichsam Ärzt*innen auf dem Schlachtfeld einer Notstandswelt? Müssen wir im Grunde jederzeit triagieren, wenn wir für irgendetwas Geld ausgeben oder Zeit aufwenden, und uns fragen: Wem helfe ich, und wenn ja, wie vielen?

Gemäß den jüngsten Zahlen der Weltbank leben zwei Drittel der Weltbevölkerung von weniger als 10 US-Dollar pro Tag. Jeder zehnte Mensch – über 700 Millionen – lebt in extremer Armut, d. h. unterhalb der Schwelle von

1,90 US-Dollar pro Tag.[4] Dabei gilt es zu bedenken, dass die genannten Dollar-Zahlen kaufkraftbereinigt bestimmt werden, so dass die tieferen Lebenshaltungskosten in Entwicklungsländern bereits mitberücksichtigt sind. Die zwei Dollar entsprechen demnach dem Warenkorb, den man in westlichen Ländern mit zwei Dollar erwerben kann. Wer jeden Tag von diesem Betrag leben muss, kann sich nicht gesund ernähren, hat kaum sanitäre Anlagen und kann sich keine gesundheitlichen Güter leisten. An den Folgen sterben stündlich über 700 Kinder.

Die Summe, die westliche Staaten zur Linderung dieses unvorstellbaren Leids ausgeben, ist angesichts unseres Reichtums winzig. Im Jahr 2016 belief sich die öffentliche Entwicklungszusammenarbeit der OECD-Staaten auf lediglich 0,32 % ihres aufgerechneten Bruttoinlandsprodukts. Nach Schätzung vieler Ökonom*innen, NGOs und staatlicher Stellen würde ein jährlicher Betrag von weniger als 200 Milliarden US-Dollar ausreichen, die extreme Armut zu beenden. Dieser Betrag entspräche zusätzlichen 0,5 % des Bruttoinlandsprodukts der Vereinigten Staaten und der Europäischen Union.

Können wir es vor diesem Hintergrund verantworten, im Rahmen einer alltäglichen »Makro-Triage« uns selbst Ressourcen zuzuteilen, die wir gar nicht dringend benötigen und die anderswo viele Menschenleben retten würden? Diese Frage versuchen wir im Schlusskapitel zu beantworten.

4 World Bank, »Reversals of Fortune«, in: *The World Bank Poverty and Shared Prosperity Series*, 2020.

2. Triage-Verfahren und -Kriterien

Wir begegnen häufig der Situation, dass ein hohes Patientenaufkommen auf begrenzte medizinische Ressourcen trifft. Auch im Normalfall verfügen Krankenhäuser nur über eine begrenzte Anzahl an Ärzt*innen, Pflegekräften und stationären Betten, so dass die Patient*innen vor- beziehungsweise nachrangig behandelt werden müssen. Im Gegensatz zum Katastrophenfall können im Normalfall jedoch meist alle Patient*innen berücksichtigt werden.

Dies gilt allerdings nicht für alle Bereiche der Medizin: In der Transplantationsmedizin beispielsweise herrscht üblicherweise ein Mangel an Spenderorganen, so dass nicht alle Patient*innen versorgt bzw. gerettet werden können. Die Frage nach der ethisch vertretbaren Priorisierung knapper medizinischer Hilfeleistungen ist also keineswegs neu. Im Angesicht des drohenden Kollapses der Krankenhäuser durch eine nicht mehr bewältigbare Zahl von Covid-Intensivpatient*innen hat sich diese Frage dem öffentlichen Diskurs jedoch mit unerwarteter Dringlichkeit gestellt.

Während der ersten Welle (im April 2020) setzte sich der Journalist und Essayist Florian-Felix Weyh extensiv mit den möglichen Auswahlverfahren und -kriterien auseinander, die im Falle eines Massenandrangs an Patient*innen herangezogen werden könnten, und ließ verschiedene Expert*innen zu Wort kommen.[1] Die folgenden Ausführungen schließen an die von Weyh diskutierten Kontroversen an und stellen die gängigen Triage-Verfahren und

1 Florian-Felix Weyh, »Die Ärzte als tragische Helden«, in: *Deutschlandfunk Kultur*, 16. 4. 2020.

-Kriterien zunächst im Überblick vor, um im Anschluss deren Legitimität zu diskutieren.

Ein erstes Verfahren beruht auf dem Prinzip »*First Come, First Served*« (FCFS): Die Patient*innen werden entsprechend der Abfolge ihrer Anmeldung behandelt; wer zuerst erscheint, ist zuerst an der Reihe. Im Gegensatz zur Katastrophenmedizin hat sich FCFS in der Normalmedizin umfassend etabliert. Wenn ausreichend Ressourcen vorhanden sind und der gesamte Bedarf gedeckt werden kann, ergibt dieses Kriterium unmittelbar Sinn. Denn unter der Voraussetzung, dass letztlich jede Person behandelt werden kann, liegt es nahe, ohne Verzug mit der Arbeit zu beginnen, sobald der erste Patient eintrifft.

Die Rechtswissenschaftlerin Elisa Hoven gibt jedoch zu bedenken, dass FCFS auf den Zufall abstelle, da der Zeitpunkt, zu dem sich die Patient*innen jeweils anmelden, zufällig sei.[2] Dieser Zufallsaspekt ist es jedoch, der häufig gerade als Stärke eines anderen Auswahlverfahrens angeführt wird, nämlich des *Losverfahrens*. Muss beispielsweise entschieden werden, wer von zwei oder mehr Personen das einzige noch verfügbare Beatmungsgerät erhält, teilt das Losverfahren jeder Person die gleiche Chance auf die medizinische Ressource zu. Das sei deshalb gerecht, meint der Strafrechtler Tonio Walter, weil wir mit dem Zufallsprinzip unabhängig von spezifischen Merkmalen der Person entscheiden.[3] Wenn die medizinische Ressource an sich schon nicht aufgeteilt werden kann – so lässt sich etwa

2 Elisa Hoven, in: Weyh 2020.

3 Tonio Walter, »Lasst das Los entscheiden!«, in: *Zeit Online*, 2. 4. 2020.

mit der Ethikerin Weyma Lübbe weiter argumentieren –, dann wenigstens die Chance darauf, die Ressource zu erhalten, was den gleichen Respekt ausdrücke, den wir einer jeden Person schulden.[4]

Sowohl FCFS als auch dem Losverfahren ist also der Aspekt des Zufalls eigen. Im Gegensatz zu FCFS drückt das Losverfahren jedoch direkter und deutlicher eine bewusste Entscheidung aus, den Zufall walten zu lassen. Obwohl der genaue Zeitpunkt, zu dem eine Patientin ins Krankenhaus eingeliefert und auf eine Warteliste gesetzt wird, zufällig ist, setzt FCFS den Zufallsaspekt weniger kontrolliert ein als das Losverfahren. Das könnte als Vorteil des letzteren gewertet werden.

Umgekehrt ist FCFS jedoch praktikabler und effizienter. Man stelle sich vor, jede neu eingelieferte Patientin müsste auf die nächste eintreffende Patientin warten, damit ein Los gezogen werden kann. Viel sinnvoller scheint es, die Ressourcen jeweils ohne Verzug zuzuteilen, sobald sie gebraucht werden. Das Losverfahren wäre nur dann angezeigt, wenn zwei Patient*innen genau gleichzeitig Anspruch auf eine knappe, nicht teilbare Ressource erheben.

Sowohl FCFS als auch das Losverfahren schneiden jedoch dann schlecht ab, wenn bei Ressourcenknappheit (auch) möglichst *viele Menschenleben* gerettet werden sollen. Gesetzt den Fall, eine Ärztin muss ein Beatmungsgerät entweder einem Covid-Patienten zuteilen, der mit Behandlung gute Heilungschancen hat, oder aber einem anderen Patienten, der wahrscheinlich auch dann sterben

4 Weyma Lübbe, *Nonaggregationismus: Grundlagen der Allokationsethik*, Paderborn 2015.

wird, wenn er das Beatmungsgerät erhält. Wird letzterer durch ein Losverfahren ausgewählt, werden wahrscheinlich beide Patienten sterben. Wird dagegen der erstere ausgewählt, stehen die Chancen gut, dass zumindest eine Person überlebt.

Aus diesem Grund gewann das Kriterium der Heilungschance bzw. der kurzfristigen Erfolgsprognose besonders im Katastrophenkontext an Bedeutung. Nach einem bis heute gängigen Triage-Prozedere werden die Patient*innen entsprechend in vier Prioritätsgruppen eingeteilt:

1. Höchste Priorität kommt dabei jenen Patient*innen zu, die mit der Behandlung eine gute oder zumindest intakte Überlebenschance haben, ohne Behandlung jedoch fast sicher sterben werden.
2. Zweitrangig behandelt werden Patient*innen, die auch ohne Behandlung eine relativ gute Überlebenswahrscheinlichkeit haben, die mit Behandlung aber noch deutlich verbessert werden kann.
3. Zeitweilig nicht behandelt werden Patient*innen, die nur leichte Schäden aufweisen und auch ohne Behandlung eine gute Prognose haben, sowie
4. Patient*innen, die auch mit Behandlung höchstwahrscheinlich sterben werden.

Dieses Verfahren soll sicherstellen, dass die medizinischen Ressourcen dort zum Einsatz kommen, wo sie am ehesten wirken werden, so dass die Anzahl der geretteten Leben maximiert wird.

Relativ zu einem vierten möglichen Priorisierungskriterium, nämlich der Anzahl der geretteten *Lebensjahre,* ist jedoch auch das genannte Prozedere ineffizient. Haben beispielsweise eine 30-jährige und eine 85-jährige Patientin die gleiche kurzfristige Erfolgsprognose, teilt das Prozedere beide in dieselbe Prioritätsgruppe ein. Bei der 30-Jährigen können im Falle einer vollständigen Genesung aber noch 50 bis 60 Lebensjahre auf dem Spiel stehen, während der 85-Jährigen nur wenige Jahre oder Monate bleiben werden. Entsprechend haben sich manche Stimmen – etwa Elisa Hoven[5] oder der Ethiker Frank Dietrich[6] – für die Berücksichtigung der verbleibenden Lebensjahre ausgesprochen. Auch europäische medizinische Gesellschaften wie die italienische Gesellschaft für Anästhesie, Analgesie, Reanimations- und Intensivmedizin (SIAARTI) haben dieses Kriterium in ihre Empfehlungen[7] aufgenommen, als die erste Covid-Welle eine Triage erzwang. Weil das Kriterium – isoliert betrachtet – aber alte sowie junge vorerkrankte bzw. behinderte Menschen benachteiligt, ist es auf heftigen Widerspruch gestoßen.

Die Debatte um die Relevanz der verbleibenden Lebensjahre wird sich durch die nachfolgenden Kapitel ziehen. An

5 Elisa Hoven, »Auch auf das Alter kommt es an«, in: *Frankfurter Allgemeine Zeitung*, 31. 3. 2020.

6 Frank Dietrich, »Medizin am Limit: Wie umgehen mit Versorgungsengpässen in der Pandemie?«, in: Romy Jaster / Geert Keil (Hrsg.), *Nachdenken über Corona. Philosophische Essays über die Pandemie und ihre Folgen*, Stuttgart 2021, S. 84–97.

7 SIAARTI, »Raccomandazioni di etica clinica per l'ammissione a trattamenti intensivi e per la loro sospensione, in condizioni eccezionali di squilibrio tra necessità e risorse disponibili« (»Klinisch-ethische Empfehlungen für die Aufnahme und Aussetzung von Intensivbehandlungen unter außergewöhnlichen Bedingungen eines Ungleichgewichts zwischen Bedürfnissen und verfügbaren Ressourcen«), in: *Recenti Progressi in Medicina* 111 (2020) H. 4. S. 207–211.

ihrem Beispiel lässt sich aufzeigen, wie wichtig es ist, grundlegende ethische Fragen umfassend statt verkürzt zu erörtern.

Ein fünftes Kriterium stellt die *Systemrelevanz* des jeweiligen Patienten dar: »Rettet die Retter!« Ist etwa das Leben einer Ärztin gefährdet, von deren Genesung bzw. Arbeit viele weitere Leben abhängen, erscheint ihre Priorisierung durchaus sinnvoll. Das Kriterium der Systemrelevanz ist also auch ein Effizienzkriterium: Die Rettung der Ärztin maximiert die Anzahl der insgesamt geretteten Leben (falls kein anderer Arzt für sie einspringen könnte, der an keiner anderen systemrelevanten Stelle fehlen würde, usw.). Zugleich kann die Priorisierung als Kompensation dafür verstanden werden, dass die Ärztin womöglich ihre Gesundheit riskiert, um andere zu retten. Personen, die unter hohem Risiko systemrelevante Arbeit leisten, könnten als Behandlungsgruppe allgemein priorisiert werden.

Bei existenziellen Entscheidungen, die von medizinischen Institutionen und ihren Vertreter*innen getroffen werden, sind letztlich auch Kriterien der Transparenz und Umsetzbarkeit von großer Bedeutung. Klare Kriterien dienen sowohl den Entscheidungsträger*innen als auch den Patient*innen und ihren Angehörigen, die sich vergewissern können, dass alles mit (ge)rechten Dingen zugeht. Ein transparentes System ermöglicht auch die öffentliche Diskussion und – gegebenenfalls – die Revision der Kriterien, sollten Gerechtigkeitsdefizite entdeckt werden.

In der Transplantationsmedizin hat sich zur gerechten Verteilung der knappen Organe ein Punktesystem ausgebildet: Je mehr Punkte eine Patientin erreicht, desto höher ihr Platz auf der Warteliste. Die entsprechenden Kriterien sind transparent und werden gesetzlich geregelt, sind also auch demokratisch legitimiert. Ein Triage-Gesetz existiert dagegen nicht. Vom Beispiel der Organvergabe können wir ebenfalls lernen, dass Kriterien wie die fünf oben skizzierten sich nicht gegenseitig ausschließen müssen. Um in komplexen Entscheidungssituationen zu einem ethisch gerechtfertigten Urteil zu gelangen, sind in aller Regel mehrere Gesichtspunkte zu berücksichtigen. Selbst wenn man in einem Katastrophenfall die Entscheidungsregeln notgedrungen auch simpel und gut praktikabel halten muss, bleibt es trotzdem wichtig, die Vielzahl und Vielfalt ethischer Kriterien nicht aus dem Blick zu verlieren und Unsicherheiten einzuräumen. Auch die teils massiven Meinungsverschiedenheiten zwischen Individuen, wissenschaftlichen Disziplinen, Institutionen und Staaten zeigen an, dass hier erhebliche ethische Unsicherheit besteht. In medizinethischen bzw. -rechtlichen Fragen liegen insbesondere die akademische Ethik, die Juristerei, die Gesundheitsökonomie und die Medizin oft im Meinungsstreit. Dasselbe gilt für die Gesetze verschiedener Staaten, die sich allesamt als demokratische Rechtsstaaten verstehen und bestrebt sind, medizinethische Fragen aus der Perspektive der Menschenwürde und der Grundrechte zu klären.

Diese Uneinigkeit und Unsicherheit gilt es anzuerkennen, ohne einem ungerechtfertigten Relativismus anheimzufallen, der ethische Reflexion subjektiviert. In den Naturwissenschaften etwa besteht in manchen Fragen auch große Uneinigkeit und Unsicherheit, ohne dass wir deshalb versucht wären, entsprechende Relativismen zu vertreten. Zu einem tragfähigen Umgang mit existenziellen

Entscheidungssituationen können wir nur dann finden, wenn wir die ethische Debatte fortführen und dabei stets auch mit unserer eigenen Fehlbarkeit rechnen. Wo Fehlbarkeit besteht, können Fehler gemacht werden; und wo Fehler gemacht werden können, ist nicht alles subjektiv. Ethische Erkenntnis – d. h. Fehlerkorrektur – ist individuell und gesellschaftlich möglich, wenn auch nicht garantiert.

3. Die Begründungslogik der Triage

Die Philosophin Weyma Lübbe reagierte im März 2020[1] auf die Empfehlungen der SIAARTI[2], die den italienischen Intensivmediziner*innen Triage-Richtlinien an die Hand gegeben hatte. Lübbes Kritik bezieht sich insbesondere auf die Empfehlung, dass neben der Heilungschance bzw. der kurzfristigen Erfolgsprognose der Patient*innen auch die zu erwartenden verbleibenden Lebensjahre als Priorisierungskriterium heranzuziehen seien. Aus ihrer Sicht ist dieses Kriterium mit der komplexen Begründungslogik der Triage völlig unvereinbar. Diese These bedarf einer eingehenden Diskussion.

3.1 Katastrophenfall versus Normalfall

Lübbe beschreibt die Begründungslogik der Triage wie folgt: Vor dem Eintritt einer Katastrophe weiß keine Person, wie schwer sie persönlich betroffen sein wird. Bevor beispielsweise das neue Coronavirus ausgebrochen war, wusste man zwar um die Möglichkeit einer solchen medizinischen Katastrophe, noch nicht aber um die Tatsache, dass sie ältere Menschen stärker betreffen würde als jüngere. Aus diesem Grund lag es vor dem Eintritt der Katastro-

1 Weyma Lübbe, »Corona-Triage – Ein Kommentar zu den anlässlich der Corona-Krise publizierten Triage-Empfehlungen der italienischen SIAARTI-Mediziner«, in: *Verfassungsblog – On Matters Constitutional*, 15.3.2020 / Zeitschrift für medizinische Ethik 66 (2020) H. 2. S. 241–244.

2 SIAARTI 2020.

phe im Interesse aller bzw. einer jeden Person, sich darauf zu einigen, im Notfall die Anzahl der geretteten Leben zu maximieren. Wird diese Maximierungsstrategie gewählt, gilt zum Zeitpunkt vor der Katastrophe nämlich für jede Person, dass ihr die höchstmögliche Wahrscheinlichkeit zuteil wird, im Katastrophenfall vor dem Tod gerettet zu werden.

Zur Illustration: Angenommen, sechs Personen werden nach dem Zufallsprinzip sechs Positionen in einer Warteschlange zugeordnet. Die Wahrscheinlichkeit ist jeweils gleich hoch, auf einer der sechs Positionen zu landen. Nun müssen die sechs Personen im Voraus darüber entscheiden, ob die Personen auf den ersten vier Positionen oder jene auf den letzten beiden Positionen jeweils 100 Euro erhalten sollen. Da für jede einzelne Person gilt, dass ihre Wahrscheinlichkeit höher ist, auf einer der ersten vier Positionen zu landen als auf einer der letzten beiden, liegt es im Interesse aller, das Geld den ersten vier Personen zukommen zu lassen. Die Maximierung der Anzahl Personen, die 100 Euro erhalten, stellt in diesem Fall nämlich auch eine Maximierung der persönlichen Chance dar, den Geldbetrag zu gewinnen.

Weiß keiner der Beteiligten vor dem Eintritt einer Katastrophe, in welcher Prioritätsgruppe er landen wird, liegt es analog im Interesse aller, die Anzahl der geretteten Leben zu maximieren. Diese Maximierung soll mit dem oben skizzierten Triage-Prozedere – d. h. mit der Orientierung an der kurzfristigen Erfolgsprognose – ja in der Tat auch erreicht werden.

Dazu ist jedoch zu bemerken, dass das Kriterium der kurzfristigen Erfolgsprognose mehrere Deutungen zulässt: Es kann sich erstens auf den Zuwachs an Überlebenswahrscheinlichkeit beziehen, der aufgrund einer Behandlung zu erwarten ist. Eine Patientin etwa, die ohne Behandlung mit einer Wahrscheinlichkeit von 30 % überlebt, mit Behandlung jedoch mit einer Wahrscheinlichkeit von 70 %, hätte demnach eine Erfolgsprognose von +40 %.

Zweitens kann sich das Kriterium auf die absolute Überlebenswahrscheinlichkeit beziehen, die aus einer Behandlung resultiert. Entsprechend hätte die genannte Patientin eine Erfolgsprognose von 70 %.

Drittens könnte die kurzfristige Prognose auch so verstanden werden, dass die Überlebens- bzw. Todeswahrscheinlichkeit gemeint wäre, die eine Person ohne Behandlung hat. Diese letztere Wahrscheinlichkeit lässt sich aber klarer als »Dringlichkeit« bezeichnen: Die Dringlichkeit ist umso höher, je tiefer die Überlebenswahrscheinlichkeit (ohne Behandlung) bzw. je höher die entsprechende Todeswahrscheinlichkeit ist.

Mathematisch ist es nun einzig die Orientierung am Zuwachs an Überlebenswahrscheinlichkeit, welche die Maximierung der Anzahl geretteter Leben garantiert.[3] Ein entsprechendes Prozedere liegt gemäß Lübbe *ex ante* (d. h. im Voraus) also im Interesse aller, denn niemand könne wissen, in welcher der vier obigen Prioritätsgruppen – abgestuft nach Erfolgsprognose – er sich wiederfinden wird.

Dies gilt jedoch nicht für die Maximierung der Anzahl geretteter *Lebensjahre*. Ältere und vorerkrankte Personen

3 Unter der Voraussetzung, dass alle Patient*innen die gleiche Ressourcenmenge benötigen.

könnten sich, so Lübbe, dann nämlich *ex ante* ausrechnen, dass sie nachrangig behandelt bzw. depriorisiert würden, da ihnen weniger Lebensjahre verbleiben. Während alle Personen der Maximierung der geretteten *Leben* zustimmen können, scheitere ein *Ex-ante*-Konsens zur Maximierung der geretteten *Lebensjahre* deshalb am Veto der älteren und vorerkrankten Personen. Eine Maximierung der geretteten Lebensjahre sei nicht in ihrem Interesse.

Dass die Maximierung der geretteten Leben überhaupt einem Konsens entsprechen kann, liege daran, dass ein *Zeitpunkt vor dem Katastrophenfall* eindeutig identifizierbar sei. Im Normalfall sei dies anders: Bei der Organvergabe etwa wird die Anzahl der geretteten Leben nicht durchgehend maximiert, denn die entsprechenden Risikofaktoren sind den Personen, die im Rahmen einer Maximierungsstrategie depriorisiert würden, *ex ante* bekannt.

Ein Beispiel: Würde die Anzahl der geretteten Leben bei der Verteilung knapper Organe durchgehend maximiert, müssten Patient*innen mit einem Doppelbedarf pauschal von der Warteliste ausgeschlossen werden. Denn die beiden Organe, die ein entsprechender Patient zum Überleben benötigt, könnten stattdessen zwei Patient*innen mit Einzelbedarf zugeteilt werden, wodurch die Anzahl der geretteten Leben maximiert würde. Es existiert jedoch kein Zeitpunkt, zu dem *niemand* weiß, ob er wahrscheinlich einen Doppelbedarf an Organen haben wird; und wer weiß, dass *er* wahrscheinlich einen Doppelbedarf haben wird, kann einer Maximierungsregel nicht zustimmen, die Patient*innen mit Einzelbedarf priorisiert. Daher vertritt Lübbe die These, dass ein entsprechendes Prozedere zu keinem Zeitpunkt im Interesse aller liegen könnte.

Hier drängt sich jedoch ein Einwand auf: Kann dasselbe Argument nicht *auch im Katastrophenfall* gegen die Maximierung der geretteten Leben angeführt werden, die Lübbe gutheißen will? Das gängige Triage-Prozedere depriorisiert Patient*innen mit vergleichsweise schlechter Erfolgsprognose. In der Menge aller (praktisch) möglichen künftigen Katastrophen korreliert die medizinische Erfolgsprognose stark mit dem Alter und mit Vorerkrankungen bzw. Behinderungen, weil Komorbiditäten eine Person gesundheitlich schwächen. Je älter und kränker jemand ist, desto höher die Wahrscheinlichkeit, dass er im Katastrophenfall der vierten Prioritätsgruppe zugeordnet wird und todgeweiht ist. Die Maximierung der geretteten Leben mittels der vier genannten Prioritätsgruppen kann folglich auch im Katastrophenfall nicht durch einen *Ex-ante*-Konsens gestützt werden, denn ältere und vorerkrankte Personen könnten ihr nicht zustimmen.

3.2 Reale und hypothetische Konsense

Nimmt man die Begründungslogik ernst, die Lübbe vorschlägt, müsste man die Triage letztlich also auch im Katastrophenfall ablehnen. Welche Implikationen sich daraus für medizinische Auswahlverfahren ergeben, erörtern wir im nachfolgenden Kapitel 3.3. Hier soll es zunächst um die Möglichkeit gehen, das Erfordernis des *Ex-ante*-Konsenses so umzudeuten, dass eine Maximierungsstrategie nicht am Veto der älteren und vorerkrankten Personen scheitern würde.

Lübbe fordert, dass zu einem *realen* Zeitpunkt ein entsprechender Konsens bestehen muss, wenn die Maximierung der geretteten Leben zulässig sein soll. Diese Forderung ist angesichts der Komplexität der empirischen Welt sehr anspruchsvoll. Es kommt nicht von ungefähr, dass ethische Kriterien, wonach von einer Regel jede Person profitieren oder zumindest nicht schlechter gestellt werden soll (sogenannte Pareto-Kriterien), theoretisch zwar attraktiv sein mögen, praktisch jedoch kaum je erfüllbar sind. Je mehr Personen von der Anwendung einer Regel betroffen sind, desto wahrscheinlicher wird es, dass sie mindestens einer Person zum Nachteil gereicht.

Hinzu kommt, dass reale Konsense ethisch problematisch sein können, da sie nicht von den Machtungleichheiten abstrahieren, die reale Zustimmungsakte beeinflussen. Man stelle sich etwa einen Vertrag zwischen einem Sklaven und einem Herrn vor, der neue und bessere Arbeitsbedingungen für den Sklaven vorsieht. Der Vertrag könnte im Interesse beider Parteien liegen: Der Sklave verbessert seine Situation, und der Herr profitiert von der höheren Motivation und Produktivität des Sklaven. Trotzdem wäre ein solcher Vertragskonsens ethisch hochproblematisch, weil er auf der ungerechten Ausnutzung ungleicher Machtpositionen beruht.

Um dieses Problem zu lösen, könnten wir uns eines theoretischen Instruments bedienen, nämlich eines Schleiers, der spezifische Eigenschaften der beteiligten Personen verbirgt bzw. von ihnen abstrahiert. Dieser »Schleier des Nichtwissens« wird insbesondere in der politischen Philosophie gerne bemüht, um fundamentale Gerechtigkeitsprinzipien aufzufinden. John Rawls etwa bediente sich des Instruments in seiner einflussreichen Gerechtigkeitstheorie.[4] Wer sich hinter dem Schleier befindet, der weiß nicht, in welcher gesellschaftlichen Position er sich später wiederfindet, wenn der Schleier gelüftet wird. Wenn der Herr im obigen Beispiel nicht wüsste, ob er sich in der Position des Sklaven oder des Herrn befindet bzw. wiederfinden wird, könnte er der Institution der Sklaverei nicht zustimmen. Hinter dem hypothetischen Schleier des Nichtwissens bestünde also ein Konsens gegen Sklaverei, den es in realen Situationen leider nicht zwingend gibt.

Auch im Fall der Triage könnten wir versuchen, argumentativ einen hypothetischen anstelle eines realen Konsenses zu bemühen. Verschleiern wir spezifische Merkmale der beteiligten Personen, lässt sich beispielsweise unterstellen, dass niemand um sein Alter weiß. Entsprechend könnten die Personen generationenübergreifend zu einem Konsens bezüglich der Maximierung der geretteten Leben gelangen. Lübbes Argument würde nun also greifen: Da hinter dem hypothetischen Schleier tatsächlich niemand weiß, in welcher der vier Prioritätsgruppen er wahrscheinlich landen wird, liegt die Maximierung der geretteten Leben im Interesse aller – und der *Ex-ante*-Konsens scheitert nicht mehr am Veto der älteren oder vorerkrankten Menschen.

Nun stellt sich aber eine entscheidende Frage: Wenn hinter dem Schleier niemand weiß, wie alt er oder sie im Katastrophenfall ist, was folgt dann für das mögliche Triage-Kriterium der *verbleibenden Lebensjahre*? Wird vom eigenen Alter abstrahiert, lässt sich diese Frage anhand pru-

4 John Rawls, *A Theory of Justice*, Cambridge 1971. Als *Eine Theorie der Gerechtigkeit* seit 1979 beim Suhrkamp Verlag.

dentieller Überlegungen beantworten (d.h. anhand von Klugheitsüberlegungen bezüglich des eigenen Wohlergehens bzw. persönlicher Präferenzen). Würde man persönlich eher einer gesellschaftlichen Regel zustimmen, die einem lebensrettende Ressourcen zuteil werden lässt, falls man sie im Alter von 20 Jahren benötigt *oder* falls man sie viel später benötigen sollte, etwa mit 70? Welcher Alterspriorisierung, wenn überhaupt einer, würde man prudentiell zustimmen, wenn man – hinter dem Schleier – um sein Alter nicht wüsste? Aus persönlicher Perspektive ist es mehr als legitim, sein eigenes und einziges Leben verlängern zu wollen und entsprechend die Anzahl der verbleibenden Lebensjahre zu berücksichtigen.

Über diesen *Ex-ante*-Konsens hinter dem Schleier pflanzt sich die prudentielle Überlegung nun in die Ethik fort, so dass die verbleibenden Lebensjahre relevant werden. Denn wenn man um sein eigenes Alter nicht weiß, zieht der geteilte Wunsch, ein möglichst langes Leben zu leben, den Konsens nach sich, dass die Anzahl der verbleibenden Lebensjahre zu berücksichtigen ist. *Falls* wir einen hypothetischen *Ex-ante*-Konsens als ethischen Bewertungsmaßstab anerkennen, scheint die SIAARTI also Recht zu behalten: Es käme bei Triage-Entscheidungen dann auch auf die Anzahl der einer Person verbleibenden Lebensjahre an.

Die SIAARTI führt in ihren Empfehlungen neben dem Kriterium der verbleibenden Lebensjahre auch ein allgemeines Kriterium der Nutzenmaximierung an.[5] Auch dies entspricht womöglich dem hypothetischen Konsens, der

5 SIAARTI 2020.

sich hinter einem Schleier des Nichtwissens ergeben würde. Der Philosoph und Wirtschaftswissenschaftler John Harsanyi hat bedenkenswerte Argumente dafür vorgelegt, dass sich ein utilitaristisches (also unparteilich nutzenmaximierendes) Prinzip aus dem Schleier des Nichtwissens ableiten lässt.[6] Fundamental wäre hier also keineswegs der Utilitarismus selbst, sondern das Prinzip der klugen Entscheidung hinter einem Schleier des Nichtwissens bzw. der Konsens, der hinter dem Schleier besteht.

3.3 Das gerechte Los: Mit Leben würfeln?

Womöglich zeigen die utilitaristischen Implikationen aber nur, dass wir mit der Idee des Schleiers bzw. eines *hypothetischen* Konsenses auf dem Holzweg sind. Will man – mit Lübbe – daran festhalten, dass die Maximierung der geretteten Leben nur dann zulässig sein kann, wenn sie einem realen *Ex-ante*-Konsens entspricht, muss man das gängige Triage-Prozedere wohl ablehnen: Das Prozedere lässt sich nicht auf einen *Ex-ante*-Konsens stützen, wie Lübbe dies versucht. Ältere und vorerkrankte Personen haben im Katastrophenfall eine vorhersehbar schlechtere Erfolgsprognose, so dass der Konsens an ihrem Veto scheitert.

Wenn die durchgehende Maximierung der geretteten Leben nun nicht nur im medizinischen Normalfall, son-

6 John Harsanyi, »Cardinal Utility in Welfare Economics and in the Theory of Risk-Taking«, in: *Journal of Political Economy* 61 (1953) H. 5. S. 434 f.; J. H., »Cardinal Welfare, Individualistic Ethics, and Interpersonal Comparisons of Utility«, in: *Journal of Political Economy* 63 (1955) H. 4. S. 309–321.

dern auch im Katastrophenfall abgelehnt wird, bleibt das Problem ungelöst, wie im Konfliktfall entschieden werden soll, wenn mehrere Patient*innen Anspruch auf das letzte Beatmungsgerät erheben. Eine naheliegende Antwort könnte lauten: durch ein Losverfahren, das allen Patient*innen die gleiche Überlebenschance einräumt.

Nach Lübbes allgemeiner Position ist im generischen Konfliktfall (d. h. wenn kein *Ex-ante*-Konsens die Maximierung favorisiert) auch dann ein gleiches Los zu ziehen, wenn zwei oder mehr Patient*innen einer einzigen Patientin direkt gegenüberstehen.[7] Denn auch wenn auf der einen Seite mehr Menschenleben auf dem Spiel stehen als auf der anderen, gebührt jeder einzelnen Person dieselbe Achtung. Und das legt nahe, jeder Person die gleiche Überlebenschance zu gewähren. Es liefe diesem Gebot zuwider, Menschenleben gegeneinander aufzurechnen und die größere Zahl zu retten. Die (größtmögliche) gleiche Chance erhält jede Person nur dann, wenn zwischen den beiden Konfliktparteien ein 50-50-Los gezogen wird (bei drei Konfliktparteien wären drei Lose bzw. je eine Wahrscheinlichkeit von ⅓ zu verteilen, usw., unabhängig davon, aus wie vielen Personen die Parteien bestehen).[8] Das ethische Prinzip des Losverfahrens bestünde also weder darin, den Zufall oder das Schicksal entscheiden zu lassen, noch in der Zurückweisung unserer Entscheidungsverantwortung,

7 Wenn beispielsweise also zu entscheiden ist, ob Person A *oder* die Personen B und C gerettet werden – s. dazu Lübbe 2015.

8 Zum Beispiel: Person A *versus* Personen B und C *versus* Personen D, E und F. In diesem Drei-Parteien-Rettungskonflikt erhielte jede Partei eine Überlebenswahrscheinlichkeit von ⅓, damit *jede einzelne Person* die gleiche Chance erhält, nämlich ⅓.

sondern darin, unsere Verantwortung wahrzunehmen und *Chancenverteilungsgerechtigkeit* walten zu lassen.

Dieses Prinzip lässt zunächst jedoch offen, wie zwischen zwei Patient*innen zu entscheiden wäre, bei denen unterschiedlich viel auf dem Spiel steht. Angenommen, eine Ärztin muss entscheiden, welche von zwei Personen sie behandeln soll. Die eine Patientin wird einen Arm verlieren, sollte sie nicht augenblicklich operiert werden, während die andere ohne Operation ihre beiden Arme verlieren wird. Obwohl für beide Patientinnen viel auf dem Spiel steht, hat die zweite Patientin hier noch bedeutend mehr zu verlieren als die erste. Wie sollte die Ärztin in diesem Fall entscheiden? Ein 50-50-Los wäre dann angemessen, wenn bei beiden Patientinnen der Verlust je eines Arms oder aber beider Arme auf dem Spiel stünde. Dass die *Stakes* (also das, was auf dem Spiel steht, das potenzielle Schadensausmaß) hier aber ungleich sind, muss einen Unterschied machen. Es scheint daher plausibel, ein nach den Stakes bzw. der Stärke des entsprechenden Anspruchs *gewichtetes Los* zu ziehen. Keine der beiden Patientinnen sollte direkt von der Behandlung ausgeschlossen werden – die Patientin, bei der ein Arm auf dem Spiel steht, ist nicht verpflichtet, ein derart großes Opfer zu erbringen bzw. einem derart fordernden Solidaritätsgebot nachzukommen –, doch diejenige, für die mehr auf dem Spiel steht, ist in der Chancenverteilung proportional zu begünstigen. Im vorliegenden Fall könnte dies bedeuten, dass die erste Patientin eine Behandlungswahrscheinlichkeit von $\frac{1}{3}$ erhält, während der zweiten eine Wahrscheinlichkeit von $\frac{1}{3}$ zuteil wird. Die ungleich starken Hilfsansprüche der beiden Personen werden, so ließe sich argumentieren, durch die entsprechend ungleiche Wahrscheinlichkeitsverteilung *gleichermaßen geachtet.*

An dieser Stelle ist zu betonen, dass die obige Argumentation nur interpersonelle Vergleichbarkeit, keineswegs aber interpersonelle Aggregierbarkeit (d. h. Aufrechenbarkeit) voraussetzt, wie der Utilitarismus sie postulieren würde. Denn wir fragen hier lediglich vergleichend, ob *für die eine Patientin* mehr auf dem Spiel steht als *für die andere.* Die jeweils auf dem Spiel stehenden Schäden werden also weder objektiviert noch über Personengrenzen hinweg aufgerechnet. (Wären es zwei Patientinnen, die beide Arme zu verlieren drohen, ließe sich nicht sagen, für beide stehe »in der Summe« doppelt so viel auf dem Spiel wie für jede einzelne. Es ließe sich lediglich feststellen, dass für jede Patientin, die zwei Arme zu verlieren droht, gleich viel auf dem Spiel steht, und mehr als für die Patientin, die nur einen Arm zu verlieren droht.) Würden wir die paarweise Vergleichbarkeit ablehnen, könnten wir eine Patientin, die beide Arme zu verlieren droht, nicht einmal gegenüber einer Patientin mit leichten Kopfschmerzen priorisieren. Diese Konklusion würde die Ablehnung der Vergleichbarkeit offensichtlich *ad absurdum* führen, weshalb wir von der Möglichkeit des paarweisen Stakes-Vergleichs nicht Abstand nehmen sollten.

Ein analoges Argument lässt sich nun in Bezug auf die Anzahl der einem Patienten verbleibenden Lebensjahre formulieren. Wenn wir wiederum von der prudentiellen Tatsache ausgehen, dass Menschen (bei hinreichender Lebensqualität) ein langes Leben einem kurzen legitim vorziehen, können wir feststellen: Für einen 40-jährigen Patienten, der vom Tod bedroht ist, steht prognostisch meist (viel) mehr auf dem Spiel als für einen ebenfalls vom Tod bedrohten 75-jährigen Patienten. Die entsprechenden Stakes setzen sich dabei nicht nur aus der nackten Lebenszeit zusammen, sondern auch aus qualitativ neuartigen Lebensabschnitten und Lebensprojekten, die den 40-Jährigen noch in bedeutend größerer Zahl erwarten. Es trifft hier nicht zu, dass ein (ganzes) Leben einem anderen (ganzen) Leben gegenübersteht, denn das Leben des 75-Jährigen liegt zu rund 90 % in der Vergangenheit – nichts und niemand kann es ihm nehmen, es steht nicht mehr auf dem Spiel. Was für den 75-Jährigen auf dem Spiel steht, ist nicht das Leben, sondern ein *kleiner Teil des Lebens*, nämlich (im statistischen Schnitt) die letzten rund zehn Jahre. Das ist viel und ethisch höchst bedeutsam.[9] Zugleich ist es viel weniger als das, was für den 40-Jährigen auf dem Spiel steht. Nimmt man diesen Unterschied ernst, muss er ethisch ins Gewicht fallen. Es könnte deshalb angemessen sein, im Konfliktfall auch zwischen dem 40- und dem 75-Jährigen ein gewichtetes Los zu ziehen, das den jüngeren Patienten (proportional zu seinen höheren Stakes) favorisiert.

Diese Argumentation ist, nach wie vor, nicht utilitaristisch. Aus einer utilitaristischen Perspektive würde der Wert der verbleibenden Lebensjahre (objektiviert) aufgerechnet. Die ältere Person würde damit direkt depriorisiert und erhielte keine Rettungschance, weil durch sie weniger »Lebenswert« (im Sinne einer gemäß dem Utilitarismus

9 Während einer Pandemie, die alte Menschen vergleichsweise stark bedroht, ist der ihnen verbleibende Teil des Lebens unbedingt schützenswert, etwa durch Lockdown-Maßnahmen, die jüngeren Menschen eine zumutbare Solidaritätsleistung abverlangen.

objektiv berechenbaren Größe) realisiert werden kann. Im Gegensatz dazu berücksichtigt die obige Argumentation die quantitativen Aspekte des Lebens nur personenrelativ vergleichend. Wir unterstellen also lediglich, dass wir paarweise beurteilen können, welche von zwei Personen einen vergleichsweise größeren Schaden erleidet. Diese Vergleichbarkeit impliziert, wie erwähnt, nicht die Aufrechenbarkeit von Schäden über Personengrenzen hinweg.

Ebenso wenig impliziert die Vergleichbarkeit der Stakes, die zwischen Personen ungleich sein können, eine ungleiche Wertschätzung bzw. Achtung der Personen. Diese Unterscheidung ist von höchster Bedeutung. Wenn eine Ärztin eine Person priorisiert, weil ihr ein vergleichsweise größerer Schaden droht als einer anderen Person, dann drückt dies nicht das Urteil aus, dass erstere mehr wert sei. Muss die Ärztin beispielsweise entscheiden, entweder eine Person mit unerträglicher Migräne oder eine mit leichten Kopfschmerzen zu behandeln, ist die Priorisierung der ersteren nicht Ausdruck eines Personen- bzw. Lebenswertvergleichs. Vielmehr ist sie Ausdruck des Vergleichs dessen, was für die beiden Personen in der konkreten Entscheidungssituation auf dem Spiel steht bzw. welcher der gleichwertigen Personen der größere Schaden droht.

Das kann auf die Entscheidung übertragen werden, eine vom Tod bedrohte 30-Jährige gegenüber einer vom Tod bedrohten 85-Jährigen zu priorisieren. Das Leben der 30-Jährigen wird mit dieser Entscheidung keineswegs als »wertvoller« eingestuft. Beide Personen zählen gleich bzw. sind gleich zu berücksichtigen, und *gerade deshalb* ist anzuerkennen, dass für die 30-Jährige mehr auf dem Spiel steht, so dass sie einen größeren Schaden zu tragen hätte (und ein schwereres Gesamtschicksal, vgl. das Kapitel 3.5). Nähme man eine Gleichpriorisierung vor, obwohl für die eine Person viel mehr auf dem Spiel steht als für die andere, müsste man der letzteren Person bzw. ihrem Leben einen tieferen Wert beimessen, was unzulässig wäre. Das Leben einer Person besteht, wie ausgeführt, in der *Gesamtheit ihrer Lebensjahre* und im Inhalt derselben, nicht bloß im (womöglich kleinen) *Lebensteil*, der ihr im konkreten Fall noch bevorsteht. Daher impliziert das Gebot der Personen- bzw. Lebenswertgleichheit – anders als dies etwa die Rechtswissenschaftler Bijan Fateh-Moghadam und Thomas Gutmann behaupten[10] – keineswegs die Gleichpriorisierung im konkreten Fall.

Analog kann nun auch das Kriterium der kurzfristigen Erfolgsprognose (im Sinne des Zuwachses an Überlebenswahrscheinlichkeit) begründet werden. Denn auch diese Größe hat einen Einfluss darauf, wie viel für eine Person bei einer Entscheidung auf dem Spiel steht:

Angenommen, Patientin A und Patientin B beanspruchen eine knappe medizinische Ressource, ohne die beide eine Überlebenschance von nur 10 % haben. Durch die Behandlung erhöht sich die Überlebenschance für Patientin A auf 100 %, während Patientin B lediglich mit 20 % rechnen kann. Für A steht hier entsprechend mehr auf dem Spiel (Stakes), nämlich ein Zuwachs von +90 % im Vergleich zu +10 % für B.[11] Es ist daher plausibel, ein Losverfahren auch

10 Bijan Fateh-Moghadam / Thomas Gutmann, »Gleichheit vor der Triage«, in: *Verfassungsblog – On Matters Constitutional*, 30.4.2020.

11 Folgen wir der entscheidungstheoretischen Standardansicht, können wir *einen* relevanten Stakes-Begriff bilden, nämlich jenen

hinsichtlich der kurzfristigen Erfolgsprognose zu gewichten – ohne dabei auf einen *Ex-ante*-Konsens oder die Aufrechenbarkeit zurückzugreifen. Das Kriterium der kurzfristigen Erfolgsprognose kann demnach auch ohne jeden Bezug zur Maximierung der geretteten Leben vertreten werden.

Unter der Voraussetzung, dass die oben entwickelten Argumente stichhaltig sind, könnte sich also die folgende Position ergeben: Ist eine wichtige medizinische Ressource knapp und unteilbar, sollte ein entsprechend den individuellen Stakes (also dem jeweiligen Ausmaß des Schadens) gewichtetes Los darüber entscheiden, wer die Ressource erhält.

Angesichts der bereits betrachteten Beispielfälle drängt sich gegen diese These jedoch ein Einwand auf: Das gewichtete Losverfahren teilt allen Patient*innen eine Rettungswahrscheinlichkeit größer null zu; wer höhere Stakes hat, erhält eine höhere Wahrscheinlichkeit, wer tiefere Stakes hat, eine tiefere. Nun können die Stakes-Unterschiede aber so groß ausfallen, dass eine Losziehung – mit welcher Gewichtung auch immer – absurd erschiene. Eine Person etwa, die nach einem Armbruch auf eine Behandlung wartet, sollte gegen eine Person mit leichten Kopfschmerzen keine Lotterie gewinnen müssen, selbst wenn die Gewinnchancen höchst ungleich verteilt würden. Vielmehr unterliegt die Person mit den Kopfschmerzen angesichts der hinreichend ungleichen Stakes in diesem Fall einer Solidaritätspflicht: Ihr ansonsten bestehender, ge-

des Erwartungswerts bzw. der erwarteten Stakes. Es handelt sich dabei um das mathematische Produkt (Multiplikation) des Zuwachses an Überlebenswahrscheinlichkeit und der Anzahl der verbleibenden Lebensjahre.

wichteter Anspruch auf die Ressource erlischt hier. Einer analogen Pflicht zur Solidarität bzw. Selbstopferung scheint auch die Person mit dem Armbruch zu unterstehen, wenn sie mit einer vom Tod bedrohten Person um eine knappe medizinische Ressource konkurriert. Auch wenn ein Armbruch im Normalfall unbedingt zu behandeln ist, wiegt dieser Anspruch im Vergleich mit dem Tod der anderen Person so leicht, dass er erlischt. Das gewichtete Los scheint also nur dann angebracht, wenn das je auf dem Spiel stehende Schadensausmaß zwar unterschiedlich ist, der Unterschied sich aber in vernünftigen Grenzen hält.

Bezüglich der verbleibenden Lebensjahre kann nun erneut analog argumentiert werden: Hat eine hochbetagte Person etwa noch ein halbes Jahr zu leben, während bei einer anderen ganze 50 Jahre auf dem Spiel stehen, ist es plausibel, im Konfliktfall seitens der ersteren eine Solidaritätspflicht anzunehmen. Entsprechend wäre kein (eins zu 100 gewichtetes) Los zu ziehen, sondern direkt die Person zu priorisieren, bei der ungleich viel mehr auf dem Spiel steht.

Diese Konklusion fußt – wie die skizzierte Position insgesamt – auf antiutilitaristischen Prämissen, welche die interpersonelle Aufrechenbarkeit von Schäden in mehrfacher Hinsicht negieren. Statt der Aufrechnung ist der paarweise Vergleich personenrelativer Schäden zentral. Das lässt sich auch anhand der unterstellten Solidaritätspflicht illustrieren: Angenommen, wir können entweder eine Million Menschen vor Kopfschmerzen bewahren oder eine Person vor dem Tod retten, nicht aber beides zugleich tun. (Bei der Priorisierung im Public-Health-Bereich treten solche bzw. analoge Entscheidungssituationen tatsächlich auf.) Utilitaristische Positionen rechnen auf und gebieten uns, die Kopfschmerzen der Million – oder der Milliarde, sollte die Million in der Summe nicht ausreichen – zu verhindern. Antiutilitaristische, zum Beispiel kantische oder kontraktualistische Ethiken können dagegen auf den paarweisen Vergleich setzen: Vergleicht man das, was für die vom Tod bedrohte Person auf dem Spiel steht, mit dem, was für eine jede von Kopfschmerzen bedrohte Person auf dem Spiel steht, dann gewinnt erstere jeden einzelnen dieser paarweisen Vergleiche mit großem Abstand. Der Abstand ist so groß, dass jede von Kopfschmerzen bedrohte Person einer Solidaritätspflicht untersteht, weshalb die vom Tod bedrohte Person (ohne Losziehung) zu priorisieren ist. Der paarweise Vergleich schiebt der utilitaristischen Aufrechnung hier also einen normativen Riegel vor.

3.4 Bedürftigkeit

Gegen die These, die Anzahl der verbleibenden Lebensjahre sei als Kriterium (unter anderen) relevant, wird bisweilen eingewandt, es sei primär die *Bedürftigkeit*, die ethisch zähle. Lübbe etwa argumentiert, dass bei einer ethischen Abwägung der Einbezug der Lebensjahre, die einer Person noch verbleiben, auch deshalb falsch sei, weil damit vom Prinzip der Bedürftigkeit Abstand genommen werde. Sie illustriert die intuitive Plausibilität ihrer These an einem Beispiel[12], das wir im Folgenden leicht abgewandelt betrachten.

12 Lübbe 2020.

Nehmen wir an, zwei Personen aus verschiedenen Altersgruppen seien erkrankt. Die erste Person ist 65 Jahre alt und stirbt ohne Behandlung mit einer Wahrscheinlichkeit von 95 %. Falls die ihr verbleibenden rund 15 Jahre zählen sollen, beliefe sich ihr negativer Erwartungswert (also das Produkt der Wahrscheinlichkeit und der Stakes) daher auf 0,95 * -15 = -14,25 erwartete Lebensjahre, deren Verlust verhindert werden könnte. Die zweite Person ist 20 Jahre alt und hat auch ohne Behandlung gute Überlebenschancen, nämlich 75 %. Der Erwartungswert beträgt bei unterstellten 60 verbleibenden Lebensjahren 0,25 * -60 = -15 verlorene Lebensjahre, die für diese Person auf dem Spiel stehen. Bezieht man die verbleibenden Lebensjahre als Faktor mit ein, müsste die 20-jährige Person gegenüber der 60-jährigen (entsprechend dem Erwartungswert) also priorisiert werden. Diese Priorisierung wäre aber, so Lübbe, inakzeptabel. Die 60-jährige Person könne nicht der 20-Jährigen nachgeordnet werden, weil die letztere medizinisch weit weniger *bedürftig* sei.

Hier bleibt allerdings unklar, worin »Bedürftigkeit« genau besteht. Der Begriff könnte sich auf die initiale Todeswahrscheinlichkeit (ohne Behandlung) beziehen, d. h. auf die Dringlichkeit, oder auf den Zuwachs an Überlebenswahrscheinlichkeit mit Behandlung, d. h. auf die kurzfristige Erfolgsprognose – beides liegt bei der älteren Person höher.

Intuitiv ist wohl eher Ersteres gemeint: Ohne Behandlung würde die ältere Person mit sehr hoher Wahrscheinlichkeit tatsächlich sterben, weshalb sie akut bedürftig ist. Dieser Faktor der Dringlichkeit scheint die Intuition zu leiten, die ältere Person bedürfe unserer Hilfe (viel) stärker. Eine entsprechende These vertreten auch Fateh-Moghadam und Gutmann, die das Dringlichkeitskriterium gutheißen, jenes der kurzfristigen Erfolgsprognose aber ablehnen.[13]

Will Lübbe die Bedürftigkeit im Sinne der Dringlichkeit bzw. der initialen Todeswahrscheinlichkeit verstanden wissen, würde sie sich dadurch von ihrem Vorschlag entfernen, wonach die kurzfristige Erfolgsprognose bzw. der Zuwachs an Überlebenswahrscheinlichkeit ausschlaggebend ist.[14] Zur Illustration: Man stelle sich vor, die obige 60-jährige Person hätte stattdessen eine Wahrscheinlichkeit von 15 %, ohne Behandlung zu überleben, die mit der Behandlung auf 50 % gesteigert werden kann. Die 20-Jährige dagegen habe eine initiale Überlebenswahrscheinlichkeit von 60 %, die sich mit der Behandlung auf 100 % erhöht. Womöglich erscheint die 60-jährige Person auch in diesem Fall bedürftiger, obwohl bei der 20-jährigen nun ein höherer Zuwachs an Überlebenswahrscheinlichkeit bewirkt werden kann. Lübbe müsste sich hier also entweder für die Rettung der 20-jährigen Person aussprechen oder neben der kurzfristigen Erfolgsprognose auch die Dringlichkeit als zusätzliche Dimension der Bedürftigkeit zulassen. Im letzteren Falle könnte sie nicht an der These festhalten, plausible Triage-Normen führten (gestützt auf einen entsprechenden *Ex-ante*-Konsens) zur Maximierung der geretteten Leben.

So oder so hängt der Erfolg der Argumentation Lübbes wesentlich vom Begriff der Bedürftigkeit ab. Dass die Bedürftigkeit (unter anderem) eine Funktion der Wahrschein-

13 Vgl. Fateh-Moghadam/Gutmann 2020.

14 Weil er zur Maximierung der geretteten Leben führe, die sich (im Katastrophenfall) auf einen *Ex-ante*-Konsens stützen könne. Diese letztere These haben wir oben bestritten.

lichkeit ist, mit der ein Schaden eintreten wird, leuchtet intuitiv ein. Allerdings ist es intuitiv ebenso plausibel, dass die Bedürftigkeit auch davon abhängt, was für die betreffende Person auf dem Spiel steht: Eine Patientin, die mit einer Wahrscheinlichkeit von 70 % ihr Bein für immer verlieren wird, ist bedürftiger als eine Patientin, die ohne Behandlung mit derselben Wahrscheinlichkeit während einiger Stunden schwere Bauchschmerzen erleiden wird – für die erstere steht viel mehr auf dem Spiel. Die einseitige Bestimmung der Bedürftigkeit über die Wahrscheinlichkeit, dass Schäden eintreten bzw. verhindert werden können, ist daher unplausibel. Analog scheint (wie wir in den vorangehenden Kapiteln gesehen haben) die Anzahl der verbleibenden Lebensjahre als Bedürftigkeitsfaktor relevant zu werden. Für die jüngere Person steht an Lebensjahren viel mehr auf dem Spiel, was – sofern wir uns handlungsleitend an der Bedürftigkeit orientieren – ihren Bedürftigkeitsstatus erhöhen muss.

Der Intuition, dass hohe initiale Schadenswahrscheinlichkeiten (Dringlichkeiten) besonders gewichtig sind und eine besondere Bedürftigkeit zur Folge haben, kann trotzdem Rechnung getragen werden. Die Entscheidungstheoretikerin Lara Buchak hat sich in diesem Zusammenhang dafür stark gemacht, dass es im Sinne einer vernünftigen Risikoaversion geboten sein kann, besonders hohe Schadenswahrscheinlichkeiten überproportional zu gewichten.[15] Entsprechend sollten wir von der Erwartungswerttheorie, die Schadensausmaße (Stakes) schlicht mit der

15 Lara Buchak, »Taking Risks Behind the Veil of Ignorance«, in: *Ethics* 127 (2017) H. 3. S. 610–644.

Wahrscheinlichkeit ihres Eintritts gewichtet, etwas abweichen. Statt jeden Schaden bloß mit seiner Eintrittswahrscheinlichkeit zu gewichten, können wir besonders hohe Schadenswahrscheinlichkeiten (Dringlichkeiten) mit einem »Bonus« versehen.

Formal lässt sich dies durch eine Risikofunktion darstellen, die Schadenswahrscheinlichkeiten auf einen gewichteten Wert abbildet. Die Risikofunktion $r(p) = p^{1,5}$ (p bezeichnet die Wahrscheinlichkeit, dass das Ereignis eintritt) beispielsweise erfasst die Intuition, dass die ältere Person im ersten obigen Fall als bedürftiger priorisiert werden sollte: $0{,}95^{1,5} * -15 = -13{,}8$ ist ein tieferer Wert als $0{,}25^{1,5} * -60 = -7{,}5$. Damit bleibt das, was für jede Person auf dem Spiel steht, als Dimension der Bedürftigkeit erhalten, wird jedoch relativ zu besonders hohen Todeswahrscheinlichkeiten geringer gewichtet.

3.5 Ungleichheit und Vorrang der Schlechtergestellten

Die einer Person noch *verbleibenden Lebensjahre* korrelieren mit den bereits *verstrichenen Lebensjahren*, d. h. dem Alter im eigentlichen Sinne. (Wir werden uns in Kapitel 4 mit dem »Alterskriterium« auf beide Größen beziehen.) Nur die verbleibenden Lebensjahre können als Stakes-Kriterium betrachtet werden; die bereits verstrichenen Lebensjahre gehören zwar genauso zur Person bzw. machen ihr Leben genauso aus, doch sie können ihr nicht mehr genommen werden und stehen daher nicht auf dem Spiel. Wir haben dafür argumentiert, dass die verbleibenden Lebensjahre bei einer Triage-Entscheidung zu berücksichtigen sind, soll sie gerecht sein. Es zeigt sich, dass dasselbe für die verstrichenen Lebensjahre gilt, die in einer anderen Dimension der Verteilungsgerechtigkeit relevant sind.

Alte Menschen sind an Lebensjahren *reich* und privilegiert, junge Menschen sind an Lebensjahren *arm* und stark unterprivilegiert, sollten sie sterben. Lässt ein Triage-Verfahren die verstrichene Lebenszeit unberücksichtigt und rettet einen hochbetagten Menschen anstelle eines jungen, verteilt es das vitalste aller Güter von den Armen zu den Reichen sozusagen um. Es macht den an Lebensjahren Reichen noch reicher, während der an Lebensjahren Arme arm bleibt. Der Eindruck, dass dies himmelschreiend ungerecht sei, erhärtet sich, wenn man etwa an das Leid denkt, das an der Beerdigung eines jungen, viel zu früh gestorbenen Menschen zum Ausdruck kommt. Es ist oft nur schwer zu vergleichen mit dem Leid, das man an der Beerdigung eines hochbetagten, vom Leben reich beschenkten Menschen vernimmt.

Gerechtigkeit bedeutet *auch*, dass den vergleichsweise Schlechtergestellten im Konfliktfall ein gewisser Vorrang eingeräumt wird[16]; andernfalls erhöhen oder verstetigen unsere Entscheidungen die Ungleichheit zwischen den betroffenen Personen in problematischer Weise. Warum von diesem Prinzip ausgerechnet bei dem vielleicht wichtigsten Gut überhaupt Abstand genommen werden sollte, erschließt sich nicht. Jüngere Menschen sind im Todesfalle

16 Der Vorrang ist nicht absolut, sondern gilt *pro tanto*, d. h. als ein Kriterium unter mehreren, denen ein gewisses Gewicht zukommt. Dasselbe trifft auf Stakes-Kriterien wie die verbleibenden Lebensjahre oder die kurzfristige Erfolgsprognose zu.

an Lebenszeit arm und schlechter gestellt. Aus diesem Grund steht ihnen ein entsprechender Gerechtigkeitsbonus zu.

Zu den Schlechtergestellten gehören ganz besonders auch die jüngeren Menschen mit Vorerkrankungen und Behinderungen, die oft eine niedrigere Lebenserwartung aufweisen. Der Fall einer 75-Jährigen, der noch zehn Jahre bleiben, unterscheidet sich ganz wesentlich von dem Fall einer 40-jährigen Vorerkrankten, der noch zehn Jahre bleiben. Das Kriterium der verbleibenden Lebensjahre *allein* könnte diesem Unterschied nicht Rechnung tragen. Insbesondere würde es die 40-jährige vorerkrankte Person auch gegenüber einer gesunden 40-jährigen Person benachteiligen. Das lässt sich dadurch vermeiden, dass auch den vorerkrankten und behinderten Personen – als den Schlechtergestellten – ein hinreichend starker Gerechtigkeitsvorrang eingeräumt wird. Dieser Vorrang ist ethisch von größter Bedeutung; unsere Gesellschaft nimmt ihn in vielen Bereichen nach wie vor nicht hinreichend ernst.

3.6 Intuitionen zur Aufrechenbarkeit von Menschenleben

Keines der oben entwickelten Argumente setzt voraus, dass Schäden über Personengrenzen hinweg aufgerechnet werden können. Bevor wir im nachfolgenden Abschnitt ein Zwischenfazit ziehen, sei jedoch erwähnt, dass die Zurückweisung jeder Aufrechenbarkeit einer viel tieferen Auseinandersetzung bedürfte, als wir sie hier leisten können.

Moralpsychologisch wurde festgestellt, dass Menschen weltweit großmehrheitlich die Intuition haben, dass es schlicht besser ist, im Konfliktfall *mehr* statt *weniger* Personen zu retten. Diese aufrechnende Intuition ist derart stark, dass die meisten Menschen (etwa im Rahmen von Trolley-Gedankenexperimenten bzw. Weichensteller-Fällen)[17] bereit sind, unter Umständen sogar aktiv zu töten, um eine größere Personenzahl zu retten. Solche Intuitionen könnten nahelegen, dass für die Maximierung der geretteten Leben bei Triage-Entscheidungen auch ein *direkter* Handlungsgrund spricht. (Wir haben oben mögliche indirekte Gründe erörtert.)

In historischer Perspektive ist es wahrscheinlich, dass Triage-Verfahren wesentlich aggregativ bzw. aufrechnend motiviert waren. Wenn in Triage-Richtlinien von der »Maximierung der geretteten Leben« die Rede ist, wird nie auf einen entsprechenden *Ex-ante*-Konsens Bezug genommen, wie Lübbe ihn argumentativ bemüht. Die Maximierung der geretteten Leben wird entweder als (mutmaßlich *an sich* relevante) Selbstverständlichkeit hingestellt oder es wird auf die Relevanz der kurzfristigen Erfolgsprognose verwiesen, deren Berücksichtigung die geretteten Leben maximiere.

Ähnlich verhält es sich mit dem Kriterium der verbleibenden Lebensjahre. Moralpsychologische Studien belegen eine weitverbreitete Intuition zugunsten der Gültigkeit

17 Adriano Mannino / Nikil Mukerji, »Das Trolley-Problem: Ein mehrgleisiger Lösungsversuch«, in: Judith Jarvis Thomson, *The Trolley Problem / Das Trolley-Problem* (Englisch / Deutsch), hrsg. von A. M. / N. M., Stuttgart 2020, S. 99–166, hier S. 113.

dieses Kriteriums.[18] Dabei ist allerdings weniger klar, ob die Intuition eine (gewisse) Aufrechnung oder lediglich den paarweisen Stakes-Vergleich favorisiert, wie wir ihn oben vertreten haben.

Lübbes Verweis darauf, dass die verbleibenden Lebensjahre in traditionellen Triage-Verfahren nicht berücksichtigt würden, steht dem genannten moralpsychologischen Befund nicht entgegen. Weil die Triage dem Kriegskontext entstammt, erstaunt es nicht, dass die verbleibenden Lebensjahre zunächst keine zentrale Rolle spielen. Schließlich unterschieden sich die Soldaten in dieser Hinsicht zumeist nicht wesentlich.

3.7 Zwischenfazit: Ethische Triage-Kriterien

Ohne Anspruch auf Vollständigkeit haben wir in den vorangehenden Kapiteln Triage-Kriterien und -Verfahren bzw. ihre möglichen Begründungen diskutiert. Es bietet sich an, die Argumentationsstränge zusammenzuführen, die Ergebnisse einzuordnen und ihre mögliche Umsetzung zu beleuchten.

Triage-Kriterien werden erst dann relevant, wenn ein echter, d. h. nicht durch die autonome Entscheidung einer betroffenen Person auflösbarer Verteilungskonflikt um eine knappe medizinische Ressource vorliegt. Verzichtet eine Person informiert und freiwillig auf eine Behandlung,

18 Mira Johri [u. a.], »The Importance of Age in Allocating Health Care Resources: Does Intervention-Type Matter?«, in: *Health Economics* 14 (2005) H. 7. S. 669–678.

indem sie ihren Willen etwa durch eine Patientenverfügung kundtut, kommt es gar nicht zu solch einem Konflikt. Unsere Diskussion setzt also dort ein, wo ein Konflikt der Autonomie aller beteiligten Patient*innen entspringt.

Keines der erörterten Triage-Kriterien gilt absolut bzw. ist für sich genommen hinreichend, eine Entscheidung zu begründen. Sollten die diskutierten Kriterien plausibel sein, dann als Faktoren unter anderen, denen jeweils ein gewisses Gewicht zukommt.

Ein erstes, in der Debatte breit akzeptiertes Kriterium ist die *kurzfristige Erfolgsprognose.* Sie bezieht sich auf den Zuwachs an Überlebenswahrscheinlichkeit, der durch eine Behandlung erreicht werden kann. Zur Begründung des Kriteriums wurden drei unterschiedliche Ansätze vorgestellt:

Die ersten beiden zielen darauf ab, dass eine Priorisierung entsprechend der kurzfristigen Erfolgsprognose die Anzahl der geretteten Leben maximiert. Diese Maximierung kann (aus einer aggregativen, d. h. aufrechnenden Perspektive) an sich für bedeutsam gehalten oder aber auf einen Konsens hinter einem hypothetischen Schleier des Nichtwissens gestützt werden.

Ein dritter Ansatz – für den wir argumentiert haben – begründet das Kriterium der kurzfristigen Erfolgsprognose primär unter Bezugnahme auf den paarweisen Stakes-Vergleich: Erreicht Patientin A im Falle einer Behandlung einen Zuwachs an Überlebenswahrscheinlichkeit von +90 %, während bei Patientin B +10 % möglich sind, dann steht bei A mehr auf dem Spiel bzw. sie hat mehr zu verlieren. Da jede *Person* gleich zählt, also in ihren Interessen bzw. Stakes gleichermaßen zu berücksichtigen ist, müssen unterschiedliche Stakes unterschiedlich ins Gewicht fallen. Andernfalls könnte die unerträgliche Migräne von Person A nicht gegenüber den leichten Kopfschmerzen von B priorisiert werden, und der drohende Verlust der beiden Arme von A wäre dem Verlust zweier Finger von B nicht vorzuordnen.

Als zweites, in der Debatte kontroverses Kriterium haben wir die Anzahl der einer Person *verbleibenden Lebensjahre* angeführt. Die verbleibenden Lebensjahre können als *langfristige Erfolgsprognose* begriffen werden und müssen insofern auch den Stakes einer Person zugeordnet werden. Wer die kurzfristige Erfolgsprognose als Kriterium zulässt, wird große Schwierigkeiten haben, die langfristige Erfolgsprognose als Kriterium nachvollziehbar abzulehnen.[19]

Die drei oben genannten Ansätze – direkte Maximierung, Schleier des Nichtwissens und paarweiser Stakes-Vergleich – implizieren allesamt die Relevanz der einer Person verbleibenden Lebensjahre. Wir haben uns wiederum für den paarweisen Stakes-Vergleich stark gemacht: Prudentiell, d. h. bezogen auf das Wohl unserer eigenen Person, sind nicht nur qualitative Vergleiche möglich (etwa: Verlust beider Arme gegen den Verlust zweier Finger), sondern auch quantitative (etwa: Verlust zweier Lebensjahre gegen den Verlust von 20 Lebensjahren). Es wäre daher willkürlich, ethisch nur qualitative paarweise Vergleiche zuzulassen, nicht aber quantitative.

Man kann hier einwenden[20], dass im Rahmen der lang-

19 Vgl. Dietrich 2021.

20 Etwa mit Blick auf die Gesundheitsökonomie und ihr Maß des »qualitätskorrigierten Lebensjahrs«.

fristigen Erfolgsprognose deutlicher unterschieden werden müsste zwischen der verbleibenden *Lebenszeit* und der verbleibenden *Lebensqualität*, als wir dies getan haben. Dagegen spricht allerdings, dass sowohl ethisch als auch empirisch gesehen vergleichsweise unklar ist, was »Lebensqualität« ausmacht; die entsprechenden Vorstellungen gehen subjektiv weit auseinander, und das mag auch theoretisch seine Richtigkeit haben. Die Paternalismus- und Diskriminierungsgefahr wäre groß, würde die schwer fassbare Lebensqualität als Kriterium festgelegt.

Im Gegensatz dazu ist klar, was die verbleibende Lebenserwartung und die kurzfristige Erfolgsprognose ausmacht, und bezüglich ihrer prudentiellen Bedeutung herrscht Konsens. Anders als die langfristige Lebensqualität können die Lebensjahre auch als rein instrumentelle Ressource betrachtet werden, die jeder Person ermöglicht, das zu verfolgen, was sie für qualitativ wertvoll und wichtig hält. Natürlich bestehen in der Praxis auch hinsichtlich der Lebenserwartung und der kurzfristigen Prognose immer Unsicherheiten, doch lassen sich diese Größen vergleichsweise gut messen. Die statistischen Mittelwerte, mit denen klinisch gearbeitet wird, tun den oben entwickelten Argumenten keinen Abbruch.

Selbstredend herrscht auch bezüglich *mancher* qualitativer Aspekte Konsens. Zum Beispiel ist es (viel) weniger schlimm, zwei Finger zu verlieren als zwei Arme. Daher konnten wir entsprechende qualitative Sachverhalte auch argumentativ heranziehen. Daraus folgt jedoch nicht, dass es sinnvoll wäre, ein allgemeines Kriterium der langfristigen Lebensqualität zu statuieren. Ein Mensch, der seit seiner Geburt ohne Arme lebt und sich in seiner Umwelt selbstbestimmt zurechtfindet, hat keinerlei Grund, sein Leben subjektiv weniger wertzuschätzen. Ein Depressiver kann die Qualität seines Lebens an der Bedeutung seiner Projekte bzw. seines Schaffens festmachen, das von der Depression womöglich profitiert, und nach seinem subjektiven Urteil netto sehr gut leben.[21] Wie wollte man derlei aus der Außenperspektive eines Dritten sinnvoll abwägen?

Ähnliches gilt für das mögliche Triage-Kriterium der *Systemrelevanz* bzw. des *gesellschaftlichen Werts*. Die Ansichten darüber, was gesellschaftlich wertvoll ist, gehen im Allgemeinen weit auseinander. Man betrachte etwa den Fall einer Unternehmerin, die 100 Arbeitsplätze geschaffen hat und einen überdurchschnittlichen volkswirtschaftlichen Wert generiert, deren Firma aber das Klima schädigt. Welchen gesellschaftlichen Wert hat ihre Tätigkeit? Darüber besteht massiver Dissens. Trotzdem bestehen auch hier – wie bei der Lebensqualität – vermutlich punktuelle Konsense. Wenn während einer Katastrophe die Intensivstationen überflutet werden und sich unter den Patient*innen auch eine Notärztin findet, deren Mitarbeit viele Leben retten könnte, dann sollte die Ärztin als Ärztin priorisiert werden. Daraus folgt wiederum nicht, dass ein allgemeines Kriterium der Systemrelevanz bzw. des gesellschaftlichen Werts vertretbar wäre.

Neben den genannten Stakes-Kriterien haben wir die *Schlechterstellung* als Priorisierungskriterium vorgeschlagen bzw. einen *Vorrang der Schlechtergestellten* vertreten,

21 Damit ist selbstredend nicht bestritten, dass Depressionen die Lebensqualität der Betroffenen (nach deren eigenem Urteil) völlig zunichte machen können.

wie ihn viele Gerechtigkeitstheorien anführen. Alte Menschen sind an Lebensjahren reich und privilegiert, junge Menschen sind an Lebensjahren arm und im Todesfall stark unterprivilegiert. Diese Ungleichheit lässt sich sinnvoll reduzieren, indem den Schlechtergestellten ein Bonus gewährt wird. Ein noch stärkerer Vorrang gebührt dabei den jungen vorerkrankten und behinderten Menschen, die auch in ihrer Altersgruppe unterprivilegiert sind. Auf diese Weise werden neben den verbleibenden Lebensjahren die *verstrichenen Lebensjahre* als Kriterium relevant: Wer vergleichsweise wenige Lebensjahre hat oder haben wird, ist zu priorisieren.

Ähnlich lässt sich im Übrigen auch das Kriterium der *Dringlichkeit* begründen. Akut vom Tod oder anderen Schäden bedrohte Personen sind besonders bedürftig. Dass sie hohen Schadenswahrscheinlichkeiten ausgesetzt sind, stellt sie schlechter: Bei gleicher kurzfristiger Erfolgsprognose (d. h. gleichem Zuwachs an Überlebenswahrscheinlichkeit durch die Behandlung) ergibt sich eine schlechtere Überlebenschance, wenn die Dringlichkeit höher ist. Diese Schlechterstellung lässt sich durch einen Dringlichkeitsbonus verringern.

Interessanterweise zeigt sich, dass der Vielfalt der plausiblen Triage-Kriterien womöglich eine einfache Struktur zugrunde liegt. Wir haben *Stakes-Kriterien* und solche der *Schlechterstellung* identifiziert. Wenn wir uns in Triage-Situationen so orientieren, dass wir nach den individuellen Stakes jeder Person und nach ihrer relativen Besser- bzw. Schlechterstellung fragen, gelangen wir womöglich zu einer ethisch angemessenen Entscheidung.

Man kann sich nun ein Priorisierungssystem vorstellen[22], das allen Patient*innen entsprechend den genannten Kriterien Punkte verteilt: Patient A hätte beispielsweise eine Gesamtpunktzahl von 55 von 100 Punkten, Patient B eine von 45. Würde Patient A auf dieser Grundlage direkt priorisiert, liefe das – so haben wir argumentiert – der *Chancenverteilungsgerechtigkeit* zuwider: A erhielte eine Chance von 100 % auf das Beatmungsgerät, B eine Chance von 0 %. Damit würde der *Anspruch bzw. das Anspruchsrecht* der Person B vernachlässigt, das unbedingt zu achten ist. Weil hier Ansprüche auf eine unteilbare Ressource miteinander kollidieren, ist nur eine Verteilung der Chancen möglich, nicht die Verteilung der Ressource selbst; und weil die Ansprüche unterschiedlich gewichtig sind, ist eine unterschiedliche Gewichtung der Chancen angemessen. Im genannten Beispiel würde A im Rahmen eines gewichteten Losverfahrens also eine Chance von 55 % zuteil, B eine Chance von 45 %.

In Fällen sehr unterschiedlicher Punktzahl – etwa: Patientin C erreicht nahezu 100 Punkte, Patientin D weniger als fünf – sind die kollidierenden Ansprüche von derart unterschiedlichem Gewicht, dass eine Partei der anderen gegenüber einer plausiblen *Solidaritätspflicht* untersteht. Im genannten Beispiel wäre C entsprechend ohne Losverfahren gegenüber D zu priorisieren.

Wir haben eingangs erwähnt, dass nicht nur das Losverfahren, sondern auch das Prinzip *First Come, First Served* (FCFS) auf den Zufall abstellt. FCFS tut dies zwar weniger direkt, doch wir könnten uns ganz bewusst dafür entschei-

22 Analog jenem, das bei der Vergabe knapper Spenderorgane zur Anwendung kommt.

den, den Zufallsaspekt von FCFS als Losverfahren zu nutzen.[23] Der Zeitpunkt, zu dem sich die Patient*innen auf der Warteliste einreihen, ist zufällig. Sie könnten proportional zu ihrer Wartezeit »Zufallspunkte« erhalten, zu denen aufgrund der genannten Kriterien »Priorisierungspunkte« addiert werden. Ein solches Punktesystem käme einem gewichteten Losverfahren gleich.[24]

Ein Einwand drängt sich an dieser Stelle auf: Ist es überhaupt möglich, die Triage-Kriterien relativ zueinander so explizit und exakt zu gewichten, dass Punkte verteilt werden können? Und welche Differenz im Gewicht kollidierender Ansprüche reicht aus, eine Solidaritätspflicht zu begründen? Mit anderen Worten: Lässt sich die Ethik der Triage wirklich schematisieren? Gibt es einen Priorisierungsalgorithmus?

Zunächst sei hier daran erinnert, dass im Bereich der Organvergabe ein gesetzlich verankertes Punktesystem zur Anwendung kommt, das hinreichend konsensfähig scheint. Ob und inwieweit sich die Ethik schematisieren lässt, ist aber tatsächlich eine offene Forschungsfrage. Es ist möglich, dass eine (exakte und vollständige) Schematisierung nie gelingen wird oder prinzipiell nicht gelingen

23 Vgl. Tyler John / Joseph Millum, »First Come, First Served?«, in: *Ethics* 130 (2020) H. 2. S. 179–207.

24 Falls man den in Kapitel 3.7 besprochenen aggregativen Intuitionen *auch* folgt, müsste das Punktesystem zudem auf seine Effizienz geprüft und gegebenenfalls angepasst werden – vgl. dazu Annette Dufner / Bettina Schöne-Seifert, »Die Rettung der größeren Anzahl: Eine Debatte um Grundbausteine ethischer Normenbegründung«, in: *Zeitschrift für Praktische Philosophie* 6 (2019) H. 2. S. 15–42.

kann. In diesem Fall wären wir in der Praxis unhintergehbar auf unsere ethische Intuition oder Urteilskraft angewiesen, die wir *nach bestem Wissen und Gewissen* auf konkrete Entscheidungssituationen anwenden müssen.

Es mag erstaunen, dass die bisher angestellten Überlegungen keineswegs voraussetzen, dass sich die Triage-Kriterien in ihrem relativen Gewicht formalisieren lassen. Vielleicht ist ein Punktesystem nicht sinnvoll definierbar, und vielleicht wäre solch ein System in notfallmedizinischen Kontexten ohnehin nicht praktikabel. Das ändert aber nichts an der Tatsache, dass wir die Gesichtspunkte, auf die sich die vorgeschlagenen Triage-Kriterien beziehen, als *ethisch relevant* erkennen können. Auf dieser Grundlage lässt sich ein informeller Katalog der Triage-Kriterien erstellen. Zusätzlich bedürfen die triagierenden Ärzt*innen dann unhintergehbar ihrer ethischen Intuition oder Urteilskraft, um im Einzelfall zu einer Priorisierungsentscheidung zu gelangen.

Das Bild der Ethik bzw. der Moralphilosophie, das sich daraus ergäbe, wäre kein unplausibles. Es kann ihr nicht darum gehen, das menschliche Gewissen überflüssig zu machen, das existenzielle Entscheidungen im Einzelfall vor sich selbst vertreten können muss. Es geht ihr lediglich darum, unsere Gewissensentscheidungen gegen die Gefahr abzusichern, dass sie *wichtige ethische Gesichtspunkte übersehen.* Man kann zum Beispiel übersehen, dass die im Leben verschiedener Personen bereits verstrichene Zeit einen Gerechtigkeitsaspekt aufweist. Die ethische Reflexion ermöglicht uns, übersehene Aspekte in den Blick zu nehmen.

Wie die relevanten Aspekte im Einzelfall zu gewichten

sind, bliebe Sache des Gewissens. Das Recht wäre aufgerufen, für Gewissensentscheidungen, die einen informellen Katalog plausibler Triage-Kriterien berücksichtigen, zumindest Raum zu lassen.[25]

25 Vgl. Eric Hilgendorf, »Tragische Fälle – Extremsituationen und strafrechtlicher Notstand«, in: Ulrich Blaschke [u. a.], *Sicherheit statt Freiheit? Staatliche Handlungsspielräume in extremen Gefährdungslagen*, Berlin 2005.

4. Triage zwischen Ethik, Recht und Gesellschaft

4.1 Das Alterskriterium und das Recht

Im Angesicht der Verhältnisse in italienischen Krankenhäusern im Frühjahr 2020 diskutierte auch der Deutsche Ethikrat die Zulässigkeit der Triage.[1] In seiner Ad-hoc-Empfehlung ist zu lesen, dass das Recht zwar positive Auswahlkriterien zur Triage angeben dürfe, jedoch jedwede Diskriminierung, einschließlich aufgrund des Alters, auszuschließen sei. Der Strafrechtler und Rechtsphilosoph Reinhard Merkel pflichtete dieser Stellungnahme (auch als ehemaliges Mitglied des Ethikrats) bei: Es gebe zwar gute *ethische* Gründe, eine 30-jährige Person gegenüber einer 85-jährigen zu priorisieren, doch dürfe das Recht diese Gründe nicht anerkennen.[2] Das gelte selbst für die Depriorisierung jener Patient*innen, die auch bei erfolgreicher Behandlung eine verbleibende Lebenserwartung von weniger als zwölf Monaten haben. Weil davon abweichende Regelungen ältere Menschen systematisch benachteiligen, dürfen sie, so Merkel, vom Recht nicht anerkannt werden.

Gegen den Vorwurf der Diskriminierung älterer Menschen ist zunächst einzuwenden, dass sich das Kriterium der verbleibenden Lebensjahre per se gar nicht auf das Alter bezieht. Relevant ist – gemäß dem Kriterium – nicht die im

1 Deutscher Ethikrat, *Solidarität und Verantwortung in der Corona-Krise – Ad-Hoc-Empfehlung*, Berlin 27. 3. 2020, S. 3.

2 Reinhard Merkel, »Beatmung in der Medizin: Eine Frage von Recht und Ethik«, in: *Frankfurter Allgemeine Zeitung*, 4. 4. 2020.

Leben einer Person bereits verstrichene Zeit, sondern die Zeit, die einer Person noch verbleibt.[3] Stünden für einen älteren Patienten ähnlich viele Lebensjahre und neuartige Lebensabschnitte auf dem Spiel wie für einen jüngeren, würde dies die Beurteilung entsprechend beeinflussen.

Zusätzlich ist jedoch auch die bereits verstrichene Lebenszeit nicht irrelevant, wie wir im Kapitel 3.5 gesehen haben. Es gibt auch ein plausibles Kriterium der Gleichheit bzw. des Vorrangs der Schlechtergestellten, und wer bereits mehr Lebenszeit ansammeln konnte, gehört zu den in diesem Sinne Reichen bzw. Bessergestellten. Jüngere Personen haben nicht nur mehr Lebensjahre zu verlieren, sondern gehören im Falle des Todes auch zu den Schlechtergestellten, so dass zwei Kriterien für ihre Priorisierung sprechen. Die Rede vom »Alterskriterium« fasst die beiden Kriterien zusammen.

Trotz dieser doppelten ethischen Fundierung hält Merkel das Alterskriterium für unvereinbar mit den Grundlinien unseres Rechts. Vorausgesetzt aber, dass es gewichtige ethische Gründe gibt, die Faktoren der verbleibenden und verstrichenen Lebenszeit zu berücksichtigen, stellt sich die Frage, warum das Recht diese nicht anerkennen darf. Eine einfache Antwort lautet: Es wäre schlicht gesetzeswidrig. Man kann versuchen, sich auf das Grundgesetz zu stützen, und das Allgemeine Gleichbehandlungsgesetz (AGG) verbietet Diskriminierung aufgrund des Alters explizit.

Gegen dieses Argument können einige Einwände vorgebracht werden. Erstens lohnt sich ein genauer Blick in das AGG. Im Zusammenhang mit Leistungen der Sozialversi-

3 Dietrich 2021.

cherungen verweist das AGG auf das speziellere Benachteiligungsverbot des § 33c SGB I. Dort wird die Ungleichbehandlung aufgrund von ethnischer Herkunft oder Behinderung explizit verboten, während das Alter unerwähnt bleibt. Im AGG wird die Ungleichbehandlung aufgrund des Alters zudem nicht absolut verboten. Sie wird etwa dann erlaubt, wenn sie durch berufliche Anforderungen oder ein sonstiges legitimes Ziel gerechtfertigt ist. Altersabhängige Pflichten werden in § 33a SGB I sogar explizit erwähnt. Kurzum: Die rechtliche Lage ist zumindest nicht völlig eindeutig.

Doch selbst dann, wenn man den Ausschluss des Alterskriteriums für rechtlich eindeutig hält, bleibt die Frage, warum das Recht nicht angepasst werden sollte, wenn doch gewichtige ethische Gründe dafür sprechen.

In manchen Fällen bestehen triftige, wiederum *ethische* Gründe dafür, die rechtlichen von den ethischen Normen abweichen zu lassen. Dies ist etwa dann der Fall, wenn eine ethische Pflicht vergleichsweise unbedeutend ist, wenn uns die Pflicht übermäßig fordert oder wenn die Tiefe des staatlichen Eingriffs in persönliche Belange des Akteurs zu bedenklich wäre. Derlei scheint im fraglichen Fall jedoch nicht gegeben. Die oben genannten ethischen Gründe sind von großem Gewicht, und sie schlagen sich in einigen Staaten in der Tat auch rechtlich nieder.

4.2 Rechtfertigbarkeit gegenüber allen Bürger*innen

Welche Argumente führt Merkel also für die These an, dass das Recht das Alterskriterium nicht anerkennen darf? Er macht insbesondere geltend, dass das Alterskriterium gegenüber älteren Patient*innen nicht gerechtfertigt werden kann: Auch der hochbetagte Patient mit einer Lebenserwartung von weniger als zwölf Monaten könne nicht der Rechtspflicht unterstehen, sein Leben zugunsten anderer Patient*innen zu opfern.[4] Der Patient will seine letzten Monate schließlich auch erleben und den Beatmungsplatz daher nicht aufgeben. Da das Recht gegenüber *allen* ihm unterstellten Bürger*innen rechtfertigbar sein muss, darf das Alterskriterium rechtlich nicht anerkannt werden. Merkel verweist in diesem Zusammenhang auf den libertären Ethiker und Rechtsphilosophen Robert Nozick: »Sein Leben ist das einzige, das er hat«,[5] und entsprechend könne der Bürger keiner Rechtspflicht zur finalen Selbstopferung unterstehen.

Man kann hier zurückfragen, ob legitimes Recht die Opferung des eigenen Lebens tatsächlich niemals gebieten darf. Relevant ist hierfür beispielsweise die Dienstpflicht im (gerechten) Krieg. Dem Staat ist es erlaubt, seine Bürger im Ernstfall zum Kriegsdienst und damit mit einer beträchtlichen, womöglich hohen Wahrscheinlichkeit zum Tod zu zwingen.[6] Natürlich handelt es sich hier um eine Ausnahme, die nur in einem akuten, großräumigen Notstand einschlägig ist. Ähnliches ließe sich jedoch in Bezug auf natürliche Katastrophen wie Pandemien sagen: Auch dort haben wir es mit einer außerordentlichen Notlage zu

4 Merkel 2020.
5 Robert Nozick, *Anarchy, State and Utopia*, New York 1974, S. 33.
6 Die bloße Angst vor dem Tod bzw. die Präferenz, nicht zu sterben, ist als Gewissensgrund zur Dienstverweigerung nicht akzeptiert. Das legt nahe, dass weitreichende Selbstopferungspflichten bestehen können, wenn es darum geht, Katastrophen abzuwenden.

tun, die viele Mitbürger*innen existenziell bedroht und außerordentliche Pflichten nach sich zieht. Was im Normalfall undenkbar ist, kann im Notfall geboten sein. Auch Nozick erkennt dies an, wenn er schreibt, dass grundsätzlich strikte Individualrechte in Ausnahmesituationen aufgeweicht werden könnten, um »moralischen Horror« abzuwenden.[7]

Wichtiger aber ist der folgende Einwand: Kann man den Ausschluss der verbleibenden und verstrichenen Lebensjahre als Triage-Kriterium *gegenüber einer jungen Person* rechtfertigen, die sterben gelassen wird? Falls wir die Rechtfertigbarkeit des Alterskriteriums gegenüber dem älteren Patienten für zweifelhaft halten, sollten uns hier *noch größere* Zweifel kommen. Wer sich einseitig darauf konzentriert, wie die Verweigerung der Behandlung dem hochbetagten Patienten gegenüber zu rechtfertigen wäre, verliert aus dem Blick, dass die Rechtfertigung der *möglichen* Verweigerung einem jungen Patienten gegenüber deutlich schwerer fallen dürfte. Ein Staat, der jungen Menschen im Falle einer Triage die mögliche Nicht-Behandlung androht, muss jedenfalls damit rechnen, dass diese viel stärker protestieren werden als hochbetagte Menschen, die im Konfliktfall depriorisiert würden. Das ist nachvollziehbar und legitim – aufgrund des Ausmaßes dessen, was für junge Personen auf dem Spiel steht, und ihrer lebensquantitativen Schlechterstellung gegenüber älteren Menschen.[8]

7 Nozick 1974, S. 30.

8 Merkel fragt rhetorisch: »Soll man die alten Menschen dieses Landes wirklich mit der Ankündigung in Panik versetzen, mehr als Sterbehilfe hätten sie in solchen Situationen nicht zu erwarten?« Die »Sterbehilfe« muss dabei natürlich die bestmögliche palliative

Nicht zuletzt ist zu erwähnen, dass eine Triage-Praxis, die das Alterskriterium berücksichtigt, auch im Interesse *aller* Mitglieder künftiger Generationen liegt. Wer zum Zeitpunkt seiner Geburt entscheiden müsste, ob er lebensrettende Ressourcen in jungen Jahren *oder* in älteren Jahren erhalten *oder* den Zufall entscheiden lassen will, würde die erste Option wählen.

4.3 *Ex-post*-Triage

Der Ethikrat stellte sich einer weiteren ethisch-rechtlichen Frage in Bezug auf die Triage: Soll zwischen der *Ex-ante*- und der *Ex-post*-Triage (d. h. der Triage »im Nachhinein«) unterschieden werden, und wenn ja, wie?[9] Eine *Ex-ante*-Situation liegt dann vor, wenn zu viele Patient*innen gleichzeitig auf knappe Ressourcen – etwa auf letzte Beat-

Behandlung meinen (vgl. Wirth 2020), die bei hochbetagten Personen unter Umständen menschenwürdiger ist als die Strapazen einer Intensivbehandlung. Das ist letzlich jedoch Sache der Patientenautonomie. Auf Merkels Frage jedenfalls ist direkt zu erwidern: Was ist mit der Panik junger Menschen infolge der alternativen Ankündigung, ihnen seien lebensrettende Behandlungen (womöglich während eines längeren Zeitraums) *nicht mehr sicher*, selbst wenn ihre verbleibende Lebenszeit gegen jene von Höchstbetagten steht, die alle Intensivbetten besetzen? Die Rettung hinreichend junger Personen hier dem Zufall zu überlassen, erscheint im Lichte der oben entwickelten Argumente als *Unrecht*. Die Depriorisierung der höchstbetagten Personen (ohne Zufallsverfahren) dagegen ist rechtfertigbar. Sind die Altersunterschiede nicht hinreichend groß, wäre ein gewichtetes Zufallsverfahren angemessen.

9 Deutscher Ethikrat 2020, S. 4.

mungsgeräte – Anspruch erheben. In der *Ex-post*-Situation hingegen sind alle Beatmungsgeräte bereits Patient*innen zugeteilt, während weitere Patient*innen eintreffen, welche die Geräte auch benötigen. *Ex post* triagiert würde demnach, wenn Patient*innen auch nachträglich depriorisiert und vom Beatmungsgerät getrennt werden können (entsprechend den Triage-Kriterien, die *ex ante* gelten), damit höher priorisierte Patient*innen überleben.

Reinhard Merkel betont im Einklang mit dem Ethikrat, dass die *Ex-post*-Triage anders zu beurteilen sei als die *Ex-ante*-Triage: Während erstere ethisch und rechtlich erlaubt sei[10], bleibe letztere ethisch und rechtlich verboten. Wir untersuchen die entsprechenden Begründungen im Folgenden und beleuchten sie kritisch.[11]

Merkel diskutiert im Besonderen die Frage, ob es zulässig ist, Patient*innen mit einer Lebenserwartung von weniger als zwölf Monaten zugunsten neu eingelieferter Patient*innen mit besserer Erfolgsprognose und höherer Lebenserwartung von Beatmungsgeräten zu trennen. Wenn solche Kriterien für die *Ex-ante*-Triage relevant sind, dann müssten sie folgerichtig auch im Rahmen einer *Ex-post*-Triage zur Anwendung kommen, wie die Medizinerin und Ethikerin Bettina Schöne-Seifert (auch als ehemaliges Mitglied des Ethikrats) argumentiert.[12] Merkel bestreitet dies. Welche Argumente stützen seine Position?

Unter normalen Umständen haben alle Patient*innen

10 Ohne Berücksichtigung des Alterskriteriums freilich, das Merkel rechtlich ablehnt.

11 Merkel 2020; Deutscher Ethikrat 2020.

12 Bettina Schöne-Seifert, »Wen soll man sterben lassen?«, in: *Frankfurter Allgemeine Zeitung*, 31. 3. 2020.

ein unbedingtes Recht auf Behandlung. Es liegt jedoch auf der Hand, dass und weshalb ein Arzt im Not- bzw. Konfliktfall nicht rechtswidrig handelt, wenn er *ex ante* triagiert: Die je gleich starken Hilfspflichten gegenüber zwei Patient*innen behindern sich derartig, dass nicht beide zugleich erfüllt werden können. Aufgrund dieser Pflichtenkollision, so Merkel, finde das Prinzip »*Ultra posse nemo obligatur*« (»Über das Können hinaus ist niemand verpflichtet«) Anwendung: Da der Arzt unmöglich beide Patient*innen behandeln kann, ist er auch nicht verpflichtet, beide zu behandeln. Die *Ex-ante*-Triage ist daher ethisch und rechtlich unproblematisch.

Die Formel *Ultra posse nemo obligatur* wird nun bemüht, um einen normativen Unterschied zwischen der *Ex-ante-* und der *Ex-post*-Situation zu begründen. In der *Ex-post*-Situation kollidieren Pflichten auf eine andere Weise bzw. nicht zwei gleiche Behandlungspflichten miteinander. Einer neu einsetzenden Behandlungspflicht steht die Pflicht gegenüber, die bereits begonnene Behandlung einer anderen Patientin nicht abzubrechen. Insofern könnte man argumentieren, die Formel *Ultra posse nemo obligatur* würde hier nicht greifen. Schließlich ist es möglich, die Pflicht zu erfüllen, niemandes laufende Behandlung zu beenden, so dass keine harte Pflichtenkollision besteht.

Diese Schlussfolgerung erfolgt jedoch vorschnell. Wie für die *Ex-ante*-Situation gilt natürlich auch *ex post*, dass zwei Pflichten kollidieren, von denen nur einer entsprochen werden kann. Die neue Behandlungspflicht gegenüber dem einen Patienten und die Pflicht, die laufende Behandlung des anderen Patienten nicht abzubrechen, können nicht gleichzeitig erfüllt werden. In der Tat könnte die

Andersartigkeit der *ex post* kollidierenden Pflichten ethisch hochrelevant sein, doch das steht gerade zur Debatte. Insofern vermag der Verweis auf das Prinzip *Ultra posse nemo obligatur* nichts auszutragen.

Merkel argumentiert – im Einklang mit dem Ethikrat – nun weiter, bei der *Ex-ante*-Triage liege ein Sterbenlassen vor, während die *Ex-post*-Triage eine Tötung erfordere: Der Patient, der im Rahmen einer *Ex-ante*-Triage nicht behandelt wird, werde sterben gelassen; der Patient dagegen, der *ex post* vom Beatmungsgerät getrennt wird, werde getötet. Da die Pflicht, nicht zu töten, viel schwerer wiege als die Pflicht, nicht sterben zu lassen, sei die *Ex-post*-Triage unzulässig.

4.4 Töten und Sterbenlassen

Ob die Triagierung *ex post* tatsächlich als Tötung einzustufen ist, während *ex ante* lediglich ein Sterbenlassen vorliegt, ist jedoch fraglich. Wer eine Patientin von einem Beatmungsgerät trennt, entzieht ihr eine lebensrettende Ressource, nachdem er sie ihr zur Verfügung gestellt hat. Ob die Beendigung einer Hilfeleistung mit Todesfolge als Tötung einzustufen ist, hängt nach dem Ethiker Jeff McMahan von einer Reihe mitunter komplexer Faktoren ab.[13] Dass dies im Allgemeinen aber nicht gilt, illustriert er anhand von Fallbeispielen wie dem folgenden:

Ein Leck in einer Gasleitung droht, mehrere Fabrikarbei-

13 Jeff McMahan, »Killing, Letting Die and Withdrawing Aid«, in: *Ethics* 103 (1993) H. 2. S. 250–279.

ter zu töten. Akteur A verschließt das Leck mit seiner Hand und verhindert dadurch, dass die tödlichen Gase austreten. Nach längerem Ausharren entfernt er seine Hand, so dass die Fabrikarbeiter zu Tode kommen.

Hier wäre es hochgradig unplausibel, zu behaupten, A habe die Fabrikarbeiter getötet. Er hat versucht, sie zu retten, lässt sie dann aber sterben.

Wie in diesem Fallbeispiel liegt auch bei der *Ex-post*-Triage die Einstellung einer Hilfeleistung vor. Wir haben es mit einem Geschehenlassen des Todes eines Patienten zu tun, das plausibel als Sterbenlassen charakterisiert werden kann. Das Geschehenlassen erfolgt zwar durch ein Tun – das Beatmungsgerät muss abgestellt werden –, doch das tut der Tatsache keinen Abbruch, dass mit der Handlung den Dingen ihr Lauf gelassen wird. Man kann etwas geschehen lassen durch Tun oder durch Unterlassen; im Falle der *Ex-ante*-Triage lässt man einen Tod durch Unterlassen geschehen, im Falle der *Ex-post*-Triage durch Tun.[14]

In diesem Zusammenhang wird gelegentlich argumentiert, dass die *Ex-post*-Triagierung aufgrund der besonderen Garantenstellung und Behandlungspflicht der Ärzt*innen ihren Patient*innen gegenüber als Tötung einzustufen sei. Das hätte jedoch zur Folge, dass auch die *Ex-ante*-Triagierung als Tötung zu werten wäre, zumal nicht einsichtig ist, weshalb die Garantenstellung und Behandlungspflicht der Ärzt*innen *ex ante* nicht gleichermaßen greift. Ent-

14 Wir erörtern hier und im Folgenden vorrangig ethische Fragestellungen, nicht juristische, und weichen von der juristischen Standardterminologie ab, soweit dies sinnvoll erscheint. Unterscheiden sich rechtliche Einstufungen stark von (plausiblen) ethischen, steht das Recht unter Rechtfertigungsdruck.

sprechend würden sich Ärzt*innen in der *Ex-ante*-Situation einer Tötung schuldig machen, wie auch immer sie entscheiden. Das wäre aber eine absurde Konsequenz, denn: *ultra posse nemo obligatur*.

Vielversprechender ist daher ein anderer Ansatz, einen normativen Unterschied zwischen der *Ex-ante-* und der *Ex-post*-Triage zu begründen. Er besteht im einfachen Hinweis auf die Tatsache, dass es *ex post* ein *Tun* ist, das die Todesfolge erzeugt, während *ex ante* ein *Unterlassen* vorliegt.

4.5 Tun und Unterlassen

Wird ein Patient von einem Beatmungsgerät getrennt, führt also ein Tun zu seinem Tod, während im Rahmen der *Ex-ante*-Triage nur eine tödliche Unterlassungshandlung vorkommt. Intuitiv hat die entsprechende Unterscheidung eine gewisse normative Kraft. Es stellt sich daher die Frage: Wiegen Pflichten, durch ein Tun keine Schadensfolgen zu verursachen, zwingend (viel) schwerer als Pflichten, durch Unterlassen keine Schadensfolgen zu erzeugen?

Nehmen wir an, ein Patient kommt mit gebrochenem Arm ins Krankenhaus. Wird er nicht zeitnah behandelt, droht er am Arm bleibende Schäden davonzutragen, die seine Handlungsfähigkeit einschränken würden. Glücklicherweise ist eine Ärztin verfügbar und leitet eine entsprechende Behandlung ein. Während der Behandlung trifft ein neuer Patient im Krankenhaus ein: Er ist schwer verletzt und schwebt in Lebensgefahr. Die Ärztin wird auf die Intensivstation gerufen und bricht die Behandlung des ersten Patienten ab.

Man kann sich vorstellen, dass die Ärztin dem Arm-Patienten die geleistete Hilfe hier durch ein Tun entzieht. Vielleicht verwendet sie ein automatisches Gerät, das sie per Knopfdruck abstellt, um es dem anderen, am Leben bedrohten Patienten zur Verfügung stellen zu können.

Würde sie dies nicht tun, hätte sie den Tod des schwerverletzten Patienten als Folge der Nichtbehandlung lediglich durch Unterlassen zu verantworten. *Trotzdem* scheint sie verpflichtet zu sein, den Schwerverletzten höher zu priorisieren und die Behandlung des Arm-Patienten abzubrechen. Offenbar wiegt die Pflicht, durch Unterlassen keine Schadensfolgen zu erzeugen, in diesem Fall viel schwerer als die Pflicht, durch Tun keine Schäden zu verursachen. Ausschlaggebend scheint die Tatsache zu sein, dass für den lebensgefährlich verletzten Patienten viel mehr auf dem Spiel steht als für den Patienten mit dem gebrochenen Arm. Dieses Kriterium schafft es in entsprechenden Fällen also, die Unterscheidung zwischen Tun und Unterlassen normativ (weit) zu überbieten. Das spiegelt sich durchaus auch im Recht: *Contra* Fateh-Moghadam und Gutmann kann in diesem Kontext nämlich plausibel auf die Figur des rechtfertigenden Notstandes nach § 34 StGB verwiesen werden.[15] Überwiegt ein geschütztes Interesse ein widerstreitendes Interesse wesentlich, ist die Tat zum Schutz des höheren Interesses nicht zwingend rechtswidrig.

Ein analoges Argument lässt sich nun für den Fall der *Ex-post*-Triage konstruieren. Man stelle sich etwa eine 85-jährige Patientin vor, der nach der Behandlung wahrscheinlich noch zehn Monate bleiben würden. Wenn sie

15 Fateh-Moghadam/Gutmann 2020.

vom Beatmungsgerät getrennt wird, kann an ihrer Stelle eine jüngere Patientin mit Jahrzehnten an verbleibender Lebenserwartung angeschlossen werden. Wir haben oben dafür argumentiert, dass bei der jüngeren Person ein viel höheres Schadensausmaß auf dem Spiel steht (und dass sie, sollte sie sterben, im Gegensatz zur 85-Jährigen auch zu den an Lebensjahren Armen bzw. Schlechtergestellten gehört). Wie das Beispiel des Arm-Patienten und des Schwerverletzten zeigt, können Unterschiede im personenrelativen Schadensausmaß auch dann ausschlaggebend sein, wenn der eine Patient von einem Unterlassen, der andere aber von einem Tun betroffen wäre. Das legt nahe, dass sich die Triage-Praxis entsprechend auch in der *Ex-post*-Situation rechtfertigen lässt.

4.6 Individualrechte, Gesamtzustände und Vertrauensschutz

Zu dieser These bzw. ihrer Begründung könnten sich nun jedoch Gegenbeispiele aufdrängen. Angenommen, eine etwas in die Jahre gekommene Motorradfahrerin wird nach einem schweren Unfall ins Krankenhaus eingeliefert, wo sie ohne Operation mit Sicherheit sterben wird. Zufällig benötigt zur gleichen Zeit eine jüngere Patientin, die nach den vorgeschlagenen Triage-Kriterien höher zu priorisieren ist, eine neue Lunge. Während ein Chirurg die Motorradfahrerin operiert, kommt ihm der Gedanke: Er könnte die Geräte abstellen, die die Motorradfahrerin gerade am Leben erhalten, und ihr die Lunge entnehmen, um mit dem Organ die andere Patientin zu retten.

Das wäre ethisch zweifelsohne inakzeptabel. Doch könnte der Chirurg möglicherweise argumentieren, es handle sich um eine *Ex-post*-Triagierung, die entsprechend der oben entwickelten Argumentation zulässig sein müsste? Er könnte überdies auch *ex ante* triagieren, d. h. die Behandlung der Motorradfahrerin gar nicht einleiten – und das wäre ebenso unzulässig.

Einwände dieser Art lassen sich jedoch ausräumen. Zunächst unterscheidet sich der Transplantationsfall von der Konkurrenz um ein Beatmungsgerät bezüglich fundamentaler Individualrechte. Die Motorradfahrerin hat ein (Selbst-)Eigentumsrecht auf *ihre eigenen Organe*, das der anderen Patientin selbstredend abgeht. Diese hochgradig asymmetrische Rechtelage ist bei der Konkurrenz um ein Beatmungsgerät nicht gegeben, ob *ex ante* oder *ex post*. Keine Patientin kann für ihre Person ein besonderes Anspruchsrecht auf das Beatmungsgerät geltend machen, das die Anspruchsrechte anderer Patient*innen kategorisch aussticht.

Weiterhin unterscheidet sich der Transplantationsfall vom Fall der zulässigen Triage dadurch, dass der erstere das Instrumentalisierungsverbot verletzt. Existierte die Motorradfahrerin nicht, könnte die Organpatientin nicht gerettet werden. Die Motorradfahrerin ist also ein kausal notwendiges Mittel zu dem Zweck, die Organpatientin zu retten, und wird entsprechend gebraucht. Im Gegensatz dazu erfordert es die Triage in der Konkurrenzsituation um Beatmungsgeräte nicht, dass ein Mensch instrumentalisiert wird. Auch dieser Unterschied wiegt schwer.[16]

16 Es mag Fälle geben, in denen eine Instrumentalisierung aufgrund des höheren »Beteiligungsgrads« des Opfers an einer Gefahrensi-

Man könnte an dieser Stelle zu behaupten versuchen, der beatmete Patient bilde zusammen mit seinem Beatmungsgerät eine Einheit ähnlich derjenigen, welche die Motorradfahrerin mit ihrer Lunge bildet. Ließe sich dies plausibilisieren, könnte die *Ex-post*-Triage begründet abgelehnt werden.

Der Strafrechtler Helmut Frister stellt die Frage juristisch so: Gehört das Beatmungsgerät bereits zur Rechtsperson?[17] In verwandter Weise spricht Merkel im Falle einer laufenden Beatmung von einem »intakten Gesamtzustand«[18], der normativ ausschlaggebend sei und eine *Ex-post*-Triage unmöglich mache.

Ein erstes Problem liegt hier jedoch in der Arbitrarität der Definition eines Gesamtzustandes. Könnte eine neu eintreffende Patientin, die ein Beatmungsgerät mit ihren Händen berührt, nicht auch geltend machen, es liege schon ein intakter Gesamtzustand vor? Freilich muss das medizinische Personal noch eingreifen, damit die Patientin überleben kann, doch gilt dasselbe für eine Patientin, die bereits beatmet wird. Auch ihr Überleben erfordert laufend Eingriffe seitens des medizinischen Personals.

tuation zulässig ist. Man denke etwa an den berühmten Loop-Fall in der Debatte um das Trolley-Problem (vgl. Mannino/Mukerji (Hrsg.) 2020, S. 99–166, hier S. 156–58.). In unserem Transplantationsfall jedoch ist die Motorradfahrerin an der Gefahrensituation, in der sich die Organpatientin befindet, vergleichsweise unbeteiligt.

17 Helmut Frister, in: Pia Lorenz, »Strafrechtler diskutieren über Triage: Wie entscheiden, wer sterben muss?«, in: *Legal Tribune Online*, 8.10.2020.

18 Reinhard Merkel, in: Lorenz 2020.

Selbst wenn dem Arbitraritätseinwand überzeugend begegnet werden könnte, würde sich zweitens aber die Frage stellen: Warum sollten »intakte Gesamtzustände« als solche überhaupt relevant sein?[19] Ist es nicht viel plausibler, vorrangig nach den *Ansprüchen bzw. Rechten* der beteiligten Personen zu fragen? Wenn eine Patientin und ein Beatmungsgerät einen »intakten Gesamtzustand« bilden, dann stellt die Tatsache, dass eine gerade eintreffende Patientin höher zu priorisieren ist (gemäß den Triage-Kriterien, die *ex ante* zur Anwendung kommen), einen triftigen Grund dar, diesen Gesamtzustand zu beenden. Es ist ein Gebot der Gerechtigkeit, auch der neu eintreffenden Patientin die ihr zustehende Chance auf das Beatmungsgerät zu gewähren, also ihren Prioritätsstatus zu prüfen und (womöglich nach einer gewichteten Losziehung) entsprechend zu entscheiden. Die neu eintreffende Patientin hat ein *Recht* darauf.

Wird die Rechtsperson in ihren Grenzen wesentlich über ihre Eigentums- oder Anspruchsrechte bestimmt, so lässt sich nicht plausibel behaupten, das Beatmungsgerät gehöre ausschließlich und kategorisch zur Person des Beatmeten. Die neu eintreffenden Patient*innen erheben auf das Gerät einen genauso gerechtfertigten Anspruch.

In diesem Zusammenhang wird bisweilen der »Vertrauensschutz« ins Feld geführt. Patient*innen, die bereits an einem Beatmungsgerät hängen, genießen einen besonde-

19 Oder anders gefragt: Warum sollten sie *derart* relevant sein, zumal in Bezug auf Beatmungsgeräte? Wenn ich mit »meinem« Beatmungsgerät einen intakten Gesamtzustand bilde, dann ist dieser ungleich schwächer ausgeprägt als der intakte Gesamtzustand, den ich mit meiner Lunge bilde.

ren, normativ ausschlaggebenden Vertrauensschutz, so das Argument. Denn sobald eine Behandlung eingeleitet wurde, müssten Patient*innen darauf vertrauen können, dass die Behandlung auch fortgesetzt wird. Ein solches Argument haben sich die Juristen Thomas Rönnau und Kilian Wegner zu eigen gemacht: Sie halten die *Ex-post*-Triage deswegen für problematisch, weil sie die Patient*innen auf der Intensivstation in ständige Angst versetze. Ihre Angst sei besonders relevant, weil sich ihre Hoffnung bereits »verdichtet« habe.[20]

Auch hier ist allerdings zu fragen, ob solche Einwände nicht auf beiden Seiten des Konflikts gleichermaßen greifen: Steht neu eintreffenden Patient*innen nicht ein ebenso starker Vertrauensschutz zu? Zur Vertrauensbeziehung zwischen den Bürger*innen und dem Rechtsstaat gehört es, im medizinischen Notfall darauf vertrauen zu können, dass man behandelt wird. In einer Situation der Knappheit bzw. des Konflikts mit anderen Patient*innen wird daraus das Vertrauen darauf, dass man eine gerechte Chance erhält, behandelt zu werden. Das ist nicht gewährleistet, wenn die *Ex-post*-Triage ausgeschlossen bleibt.

Der Ethiker Frank Dietrich ergänzt: Die Angst der *ex post* Eintreffenden, dass ihnen die lebensrettende Behandlung verweigert wird, muss ebenso stark berücksichtigt werden. »Verdichtet« der Ausschluss der *Ex-post*-Triage die Hoffnung der bereits Behandelten, so »verdünnt« er jene der neu Eintreffenden ungerecht. Nicht zuletzt gilt es zu bedenken, dass die Patient*innen auf der Intensivstation

20 Thomas Rönnau / Kilian Wegner, »Grundwissen Strafrecht: Triage«, in: *Juristische Schulung* 60 (2020) S. 403–407.

üblicherweise in ein künstliches Koma versetzt werden, so dass sie ihre Situation – mit den Hoffnungen und Ängsten, zu denen sie Anlass gibt – gar nicht bewusst erleben.[21]

4.7 Das Trauma der Triagierenden

Triagierende werden Herren über Leben und Tod. Dieser Bruch mit dem Selbstverständnis und Ethos der ärztlichen Praxis – Ärzt*innen sind dazu da, Leben zu retten[22] – könnte traumatische Folgen haben, besonders wenn *ex post* triagiert wird. Traumata könnten bei den einzelnen Ärzt*innen zurückbleiben, aber auch bei einer (rechtsstaatlich verfassten) Gesellschaft insgesamt. Wir wollen abschließend diskutieren, wie dieser Gefahr zu begegnen ist und ob sich daraus Einwände gegen die Zulässigkeit insbesondere der *Ex-post*-Triage ergeben.

Traumatisch ist ein Geschehen dann, wenn ein Mensch es als existenziell bedrohlich erlebt, es ihn völlig überfordert und derart verunsichert, dass er in seinen Grundfesten erschüttert zurückbleibt. Fischer und Riedesser bestimmen ein psychisches Trauma als ein »vitales Diskrepanzerlebnis zwischen bedrohlichen Situationsfaktoren und den individuellen Bewältigungsmöglichkeiten, das mit Gefühlen von Hilflosigkeit und schutzloser Preisgabe einhergeht und so eine dauerhafte Erschütterung von Selbst- und Weltver-

21 Dietrich 2021.

22 Allgemeiner und genauer: im besten Interesse und im Sinne der Autonomie einer jeden Patientin bzw. eines jeden Patienten zu handeln.

ständnis bewirkt«.[23] In dieser Definition wird bewusst nicht zwischen »Opfern« und »Täter*innen« differenziert: Auch Täter*innen können durch ihre Handlung traumatisiert werden.

Im gegenwärtigen Kontext kann das medizinische Personal nicht nur selbst (mit erhöhter Wahrscheinlichkeit) an Covid-19 erkranken, sondern auch psychische Langzeitschäden davontragen. Gerade im Hinblick auf eine mögliche Triage gilt es also zu bedenken: Wer hilft den Helfer*innen? Wie verkraften sie die Grenzsituationen, die ihnen zugemutet werden? Dürfen sie ihnen überhaupt zugemutet werden?

Dietrich spricht sich für die *Ex-ante*-Triage aus (und in ihrem Rahmen auch für die Berücksichtigung der einem Patienten verbleibenden Lebensjahre), lehnt die *Ex-post*-Triage jedoch ab. Die Anweisung, im Not- und Konfliktfall auch *ex post* zu triagieren – also Menschen von Beatmungsgeräten zu trennen, die andernfalls überleben würden –, sei den Ärzt*innen nicht zumutbar. Denn eine lebensrettende Behandlung aktiv und gegen das gesundheitliche Interesse der betroffenen Personen abzubrechen, widerspreche dem Ethos des ärztlichen Berufs und könne vom medizinischen Personal nicht verlangt werden. Ärzt*innen müssten gegenüber den ihnen zugeteilten Patient*innen die Rolle parteiischer Anwält*innen einnehmen und sollten *ex post* daher nicht mehr triagieren.[24]

Dagegen lässt sich geltend machen, dass die *Ex-post*-

23 Gottfried Fischer / Peter Riedesser, *Lehrbuch der Psychotraumatologie*, Stuttgart 2009, S. 82.

24 Dietrich 2021.

Triage das Trauma-Risiko für die Triagierenden wohl nicht zusätzlich erhöht. Es ist im Gegenteil sogar plausibel, dass die Möglichkeit, auch *ex post* zu triagieren, das Trauma-Risiko reduziert. Denn ist die *Ex-post*-Triage ausgeschlossen, müssen unter Umständen viele junge Menschen sterben gelassen werden, weil Höchstbetagte bereits an den Beatmungsgeräten hängen. Ist das wirklich leichter zu ertragen? Vermutlich nicht, und dafür gibt es – wie wir gesehen haben – auch gute Gründe. Auf diese Gründe muss sich letztlich auch das ärztliche Ethos stützen.

Im medizinischen Normalfall ist es angemessen, dass sich Ärzt*innen als parteiische Anwält*innen der ihnen anvertrauten Patient*innen begreifen. Im Knappheits- bzw. Konfliktfall aber ist es ein Gebot der Gerechtigkeit, dass sie alle Patient*innen im Blick haben, die ihre gewichtigen Ansprüche bzw. Rechte geltend machen. Als Patientin kann ich so darauf vertrauen, dass ich auch von den Ärzt*innen der anderen Patient*innen voll berücksichtigt werde, wie es der Konfliktsituation angemessen ist.

Das scheint mit dem ärztlichen Selbstverständnis übereinzustimmen, das die medizinischen Fachgesellschaften im Kontext der Pandemie zum Ausdruck gebracht haben: Sie sind sich allenthalben einig, dass auch *ex post* triagiert werden soll. Dieses ihr Urteil ist so eindeutig, dass ihre Richtlinien die *Ex-post*-Triage meist nicht einmal gesondert diskutieren.[25] Es wird als Selbstverständlichkeit vor-

25 Vgl. etwa die Triage-Richtlinien der Schweizerischen Akademie der Medizinischen Wissenschaften, *Covid-19-Pandemie: Triage von intensivmedizinischen Behandlungen bei Ressourcenknappheit*, 2020. In Deutschland anerkennt man kurz den Dissens, der ethisch und rechtswissenschaftlich zum Teil bestehe, ohne die-

ausgesetzt, dass im Konfliktfall »laufend« zu triagieren ist (entsprechend wird die *Ex-post*-Triage auch als *Verlaufs-Triage* bezeichnet).

Selbstredend können sich Ärzt*innen ethisch auch irren; vielleicht sind sie qua Selbstselektion allzu pragmatisch orientiert, oder die ständige Begegnung mit dem Tod stumpft auf die Dauer ab und macht unempfänglich für wichtige ethische Anliegen und Erwägungen.

Wir sollten aber auch die Möglichkeit sehr ernst nehmen, dass es sich *gerade umgekehrt* verhält: Ärzt*innen wissen viel besser als Ethiker*innen und Jurist*innen, wie es ist, im Notfall *wirklich* über Leben und Tod entscheiden zu müssen. Es ist gut möglich, dass die besondere lebensweltliche Evidenz, über die sie verfügen, die ethische Intuition verlässlicher macht. So oder so würden wir uns aber einen gewissen Paternalismus anmaßen, wenn wir die Ärzt*innen darüber belehrten, dass der Ausschluss der *Ex-post*-Triage um ihrer selbst willen entscheidend sei, obwohl die medizinischen Fachgesellschaften unisono *ex post* triagieren wollen.

Unbedacht bleibt oft auch die Tatsache, dass der Ausschluss der *Ex-post*-Triage die Ärzt*innen kontraproduktiven und unnötig belastenden Anreizen aussetzen würde.

sen zu diskutieren, vgl. die klinisch-ethischen Empfehlungen der Deutschen Interdisziplinären Vereinigung für Intensiv- und Notfallmedizin (DIVI) und weiterer medizinischer Fachgesellschaften (Georg Marckmann [u. a.], »Entscheidungen über die Zuteilung intensivmedizinischer Ressourcen im Kontext der Covid-19-Pandemie (Klinisch-ethische Empfehlungen der DIVI [u. a.])«, in: *Medizinische Klinik – Intensivmedizin und Notfallmedizin* 115 (2020) S. 477–485).

Wenn die Ärzt*innen in einer Katastrophensituation antizipieren, dass bald weitere, wahrscheinlich höher zu priorisierende Patient*innen eintreffen werden, stehen sie unter dem Druck, die Intensivbetten für diese freizuhalten und die bereits eingetroffenen Patient*innen so lange warten zu lassen, dass das Vorgehen gerade noch als zulässige *Ex-ante*-Triage durchgehen kann. Schlimmstenfalls führt dies dazu, dass bereits eingetroffene Patient*innen unnötig sterben. Zudem ist das Freihalten der Betten geeignet, das Vertrauen in die (Katastrophen-)Medizin zu beschädigen.[26] Diese Probleme lassen sich dadurch vermeiden, dass man die Triage auch *ex post* zulässt. Die Ärzt*innen können dann ohne Verzug mit der Behandlung beginnen, sobald Patient*innen eintreffen, weil die Option der nachträglichen Triage offen bleibt.

Ob *ex ante* oder *ex post*, das Trauma-Risiko lässt sich nicht mehr vermeiden, wenn der Massenandrang an Patient*innen da ist und die Ressourcen knapp werden. Auch deshalb hielten wir eingangs fest, dass das erste Gebot der Triage laute: *Vermeide es nach Kräften, triagieren zu müssen.* Wir – die Gesellschaft – schulden dies insbesondere auch den potenziellen Triagierenden.[27] Kommen wir dieser

26 In einer Schweizer Studie gab eine deutliche Mehrzahl der Befragten an, der Abbruch einer Behandlung sei ethisch weniger problematisch als die Verweigerung der Behandlung aufgrund der Antizipation, dass höher zu priorisierende Patient*innen eintreffen werden, vgl. Ethix: Lab for Innovation Ethics, *Umfrage Covid-19*, Zürich 21. 4. 2020.

27 Selbstredend schulden wir es ihnen ebenfalls, sie nicht auch noch mit dem Strafrecht zu bedrohen, wenn die normative Grundlage dafür bestenfalls zweifelhaft ist.

Pflicht nach, ist es vertretbar, die Triage als bekanntes Berufs(rest)risiko des Arztes bzw. der Ärztin und von Pflegenden zu begreifen. Ähnlich tragen etwa Berufssoldat*innen ein ihnen bekanntes Restrisiko, im politischen Katastrophenfall physisch und psychisch verletzt zu werden und verletzen zu müssen.

Im demokratischen Staat sind die Triagierenden letztlich wir alle, die wir die Triage in der einen oder anderen Form gesellschaftlich zulassen oder untersagen. Vor diesem Hintergrund stellt sich die Frage, ob Triage-Praktiken nicht nur die Ärzt*innen und ihr Ethos, sondern unsere rechtsstaatlich verfasste Gesellschaft insgesamt traumatisieren, d. h. in ihren Grundfesten erschüttern und bleibend schädigen könnten. Reinhard Merkel vertritt diese These bezüglich der *Ex-post*-Triage. Sie müsse verboten bleiben, weil der Rechtsstaat die Erosion seiner Fundamente nicht ertragen könnte, die wir riskieren, wenn wir *ex post* triagieren.[28]

Diese These ist doppeldeutig; sie kann normativ oder empirisch verstanden werden. Normativ scheint sie zu besagen, dass der Staat zu einem Unrechtsstaat würde, wenn er die *Ex-post*-Triage zuließe. Wir haben das normative Für und Wider der *Ex-post*-Triage oben erörtert und sind – gegen Merkel – jedoch zum Schluss gelangt, dass es nicht nur kein Unrecht, sondern geradezu ein Gebot der Gerechtigkeit ist, auch *ex post* zu triagieren.

Empirisch müsste die These wohl der soziologischen Vorhersage entsprechen, dass der Rechtsstaat in verschiedenen Bereichen tatsächlich (schweren) Schaden nehmen

28 Merkel 2020.

wird, wenn er mit der Zulassung der *Ex-post*-Triage einen Dammbruch vollzieht. Hier bleibt Merkel aber den empirischen Beleg schuldig. Die Pandemie hat dazu geführt, dass in verschiedenen liberal-demokratischen Rechtsstaaten (*ex ante* wie *ex post*) triagiert wurde, ohne dass nun Anzeichen bestehen, dass ein Dammbruch erfolgt wäre.[29]

29 Zu bedenken gilt es in diesem Zusammenhang auch, dass der deutsche Rechtsstaat in vielen Grenzbereichen Handlungen verbietet, die andere westliche Rechtsstaaten (teils in der überwiegenden Mehrzahl) erlauben, ohne dass sie einen Dammbruch erlitten hätten. Man denke etwa an den Abschuss terroristisch entführter Passagierflugzeuge, den die deutsche Rechtsordnung im Gegensatz zu vielen anderen strikt verboten hat. Diese Verbote können mit empirischen Dammbruch-Argumenten nicht plausibel gestützt werden. Die Argumente müssen also normativer Art sein und stoßen damit auf den massiven normativen Dissens anderer Rechtsstaaten. Will man diese nicht als Unrechtsstaaten einstufen, muss man zugestehen, dass die eigene normative Einschätzung mit erheblicher Unsicherheit behaftet und falsifizierbar ist.

5. Von der Mikro- zur Makro-Triage

Existenzielle Entscheidungen werden nicht nur auf Intensivstationen, also im gesellschaftlichen Mikrobereich getroffen. Die ethischen Fragen, die sich im Kontext der medizinischen Triage stellen, drängen sich in ähnlicher Form auch auf der gesellschaftlichen Makroebene auf, denn im Katastrophenfall stehen vitale Ressourcen auch dort nur begrenzt zur Verfügung. Im Zusammenhang mit der gegenwärtigen Pandemie etwa treten zahlreiche Interessen- bzw. Anspruchskonflikte auf, die es abzuwägen gilt. Sie reichen vom Einsatz logistischer Ressourcen zum Schutz priorisierter Risikogruppen über die Einschränkung von Grundrechten und die selektive sozialstaatliche Unterstützung bis hin zur Verteilung eines zunächst knappen Impfstoffs. Die einschlägigen Erwägungen können nicht zuletzt auf viele weitere Themenfelder übertragen werden, in denen ähnliche Makro-Triage-Entscheidungen zu treffen sind. Zu ihnen gehören etwa die Verteilung knapper Gelder im Bereich der öffentlichen Gesundheit und der Entwicklungszusammenarbeit, die Verteilung von Klimapflichten bzw. die Vergabe von Emissionsrechten oder die Verteilung begrenzter staatlicher Forschungsbudgets.

5.1 Risikogruppen

Bevölkerungsübergreifende Maßnahmen gegen die Pandemie – ob freiwillig eingeleitet oder staatlich verordnet – schränken unsere Freiheit ein und können eine wirtschaftliche Rezession verursachen. Es liegt daher nahe, zu prüfen, ob sich »Risikogruppen« bestimmen lassen, die besonders geschützt werden könnten, während die Restbevölkerung schwere sozioökonomische Schäden von der Gesellschaft abzuwenden versucht.[1] Dazu ist zunächst ethisch zu erörtern, welche Eigenschaften eine Person überhaupt als Mitglied einer Risikogruppe auszeichnen können.

Es entspricht der gängigen Meinung, dass beispielsweise 70-Jährige eher der Corona-Risikogruppe zuzuordnen sind als 60-Jährige, 60-Jährige eher als 50-Jährige, usw. Zur Begründung dieser Ansicht wird zumeist die Altersstratifizierung der Mortalitätsrisiken angeführt: Im Falle einer Infektion mit dem neuen Coronavirus sehen sich ältere Menschen im Schnitt mit einer höheren Wahrscheinlichkeit konfrontiert, an Covid-19 zu sterben.

Diese angenommene demographische Zusammensetzung der Risikogruppe könnte nun zur Rechtfertigung der These herangezogen werden, einschneidende Maßnahmen über die Gesamtbevölkerung hinweg seien unverhältnismäßig. Der Tübinger Oberbürgermeister Boris Palmer hat

1 Der besondere Schutz ist zunächst natürlich ein Angebot an die Risikopersonen, keine Pflicht. Er erhöht damit ihren Freiheitsspielraum und dient nicht der Isolierung, im Gegenteil: FFP2-Masken etwa wirken der Isolierung gerade entgegen – sie hätten für die Risikopersonen bereits im Frühjahr 2020 verfügbar sein müssen. Sollte eine Katastrophe auf den Intensivstationen aber hinreichend absehbar werden, so ist es auch aus liberaler Perspektive legitim, aus dem Angebot zum Schutz eine Pflicht zu machen. Denn wer sich in dieser Situation nicht schützt – zumal wenn er besonders gefährdet ist –, trägt im Falle einer Erkrankung zur Überlastung der Krankenhäuser bei. Damit gefährdet er nicht nur sich selbst, sondern auch andere, deren Risiko dann steigt, nicht mehr behandelt werden zu können.

sich mit der Aussage hervorgetan, die allermeisten Corona-Opfer hätten »sowieso nur noch ein halbes Jahr« zu leben, und jüngere Menschen gehörten definitiv nicht zur Risikogruppe.[2]

Auch akademische Stimmen haben sich ähnlich, wenn auch weniger provokativ geäußert. Einige Rechtswissenschaftler*innen stellten bereits im März 2020 in Frage, ob gesellschaftliche Restriktionen über alle Bevölkerungsgruppen hinweg tatsächlich zu rechtfertigen sind. Stefan Huster stützt seine Argumentation unter anderem auf die demographische Verteilung der Risiken: Es sei eine »arge Zumutung für den gesunden Menschenverstand«, zur Erhaltung des Lebens einer 95-Jährigen denselben Aufwand zu treiben wie zur Erhaltung des Lebens eines Durchschnittsbürgers.[3]

Nun wäre es indiskutabel, Menschen zu opfern, weil sie »nur« noch ein halbes Jahr zu leben haben. Dieses halbe Jahr ist höchst kostbar, und die Gesellschaft untersteht weitreichenden Solidaritäts- und Hilfspflichten auch gegenüber Menschen, denen wenige Monate verbleiben. Einlassen muss man sich jedoch auf den oben ausgeführten Gedanken, dass für ein Individuum im konkreten Fall mehr – bzw. noch viel mehr – auf dem Spiel steht, wenn es etwa zwanzig Jahre zu verlieren hat, als wenn der Verlust durch den Tod ein halbes Jahr beträgt. In der Debatte um die pandemiestrategischen Maßnahmen stellt sich vor diesem Hintergrund die Frage: Wie schwer wiegt der (perso-

2 Boris Palmer, »Wir retten möglicherweise Menschen, die in einem halben Jahr sowieso tot wären«, in: *Die Welt*, 28. 4. 2020.

3 Stefan Huster, »Grenzen der Solidarität«, in: *Verfassungsblog – On Matters Constitutional*, 22. 3. 2020.

nenrelative, nicht zwingend aufgerechnete) Verlust einer nicht allzu hohen Anzahl an verbleibenden Lebensjahren, insbesondere im Vergleich zur Einschränkung bürgerlicher Freiheiten und den sozioökonomischen Schäden?

Hier scheiden sich die Geister. Auf der einen Seite wird etwa vom Philosophen Jürgen Habermas in einer Diskussion mit dem Rechtstheoretiker Klaus Günther geltend gemacht, das proaktiv zu schützende Recht auf Leben sei ein besonders zentraler, herausgehobener Teil dessen, was aus der Menschenwürde folgt.[4] Auf der anderen Seite wird erwidert, die Menschenwürde impliziere viel mehr als nur den Schutz des Lebens und sei auch dann schwer tangiert, wenn andere Grundrechte umfassend eingeschränkt oder ausgesetzt werden. Die letztere Ansicht führt ihre Vertreter*innen gelegentlich zu der These, der »schwedische« oder der »Schweizer Weg«, also vergleichsweise schwache Eindämmungsmaßnahmen bzw. Freiheitsbeschränkungen zum Preis einer bedeutend höheren Anzahl an Todesopfern, sei der deutschen Strategie zumindest nicht klar unterlegen.

Hier scheint zunächst eine argumentative Pattsituation erreicht: Wenn Konsens über die Bestimmung der Risikogruppe herrscht, aber intuitiver Dissens darüber besteht, ob die vielen Freiheitseinschränkungen schwerer wiegen als die suboptimal geschützten Rechte auf Leben der Risikopersonen, dürfte es schwerfallen, produktiv weiterzudiskutieren. Nun beruht dieses Patt aber auf einem Konsens über die Bestimmung der Risikogruppen. Würde die-

4 Jürgen Habermas / Klaus Günther, »Kein Grundrecht gilt grenzenlos«, in: *Die Zeit*, 6. 5. 2020.

ser Konsens problematisiert, verschöbe sich die Debatte auf eine neue Ebene, auf der die Pattsituation womöglich überwunden werden kann. Dass dem in der Tat so ist, wollen wir im Folgenden aufzeigen.

5.2 Wahrscheinlichkeiten versus Schadensausmaße

Die gängige Bestimmung der Risikogruppe, wie man sie in den Publikationen des Robert-Koch-Instituts[5], des schweizerischen Bundesamts für Gesundheit[6] oder des österreichischen Sozialministeriums[7] findet, konzentriert sich auf die Wahrscheinlichkeit, im Falle einer Infektion zu sterben, die bei alten und vorerkrankten Menschen besonders hoch ist. Folgt man also dem gängigen Verständnis, gehören der Risikogruppe nur jene Personen an, die eine besonders hohe Wahrscheinlichkeit haben, ein spezifisches Risikoszenario zu erleiden, nämlich den Tod. Weil dies vor allem für Hochbetagte gilt, die vergleichsweise wenige Lebensjahre zu verlieren haben, wird – wie erwähnt – bisweilen direkt behauptet, dass bevölkerungsübergreifende Schutzmaßnahmen unverhältnismäßig seien.

Diese Argumentation enthält jedoch einen inneren Widerspruch: Wenn wir vereinfachend davon ausgehen, dass ein 70-Jähriger noch rund zehn Jahre vor sich hat, dann

5 Robert-Koch-Institut, *Informationen und Hilfestellungen für Personen mit einem höheren Risiko für einen schweren Covid-19-Krankheitsverlauf*, 2020.

6 Schweizerisches Bundesamt für Gesundheit, *Neues Coronavirus: Besonders gefährdete Personen*, 2020.

7 Österreichisches Sozialministerium, *FAQ: Risikogruppen*, 2020.

verbleiben einem 60-Jährigen noch rund 20 Jahre. Im Falle einer Corona-Infektion hat der 70-Jährige gegenüber dem 60-jährigen eine höhere, wohl ungefähr doppelte Wahrscheinlichkeit, zu sterben. Daraus leiten Vertreter*innen der gängigen Definition der Risikogruppe nun direkt ab, der 70-Jährige sei eher als Risikoperson einzustufen als der 60-Jährige. Damit wird zur Bestimmung des Risikos jedoch lediglich die Dimension der *Wahrscheinlichkeit* berücksichtigt, während das, was für jede Person auf dem Spiel steht – ihr *potenzielles Schadensausmaß bzw. ihre Stakes* –, vernachlässigt bleibt. Es wird also nicht in Rechnung gestellt, dass der 60-Jährige doppelt so viele Lebensjahre zu verlieren hat wie der 70-Jährige. Genau das müsste in der obigen Argumentation jedoch zwingend berücksichtigt werden – andernfalls wird etwa Palmers Hinweis auf das »halbe Jahr«, das hochaltrige Corona-Opfer verlören, in jeder Hinsicht gegenstandslos. Palmer müsste also zugestehen, dass 60-Jährige auch zur Risikogruppe gehören, eben weil sie mehr Lebensjahre zu verlieren haben als 70-Jährige. Die Risikogruppe dehnt sich damit aber weit aus – womöglich gehören nun auch 50- und 40-Jährige dazu, die ja noch mehr zu verlieren haben –, so dass Palmers Kritik an bevölkerungsübergreifenden Maßnahmen zweifelhaft wird.[8]

8 Was den ethischen Vergleich der Situation des 60-Jährigen mit jener des 70-Jährigen betrifft, kommt hinzu, dass der 60-Jährige im Todesfalle schlechter gestellt wäre als der 70-Jährige. Außerdem ist es wahrscheinlich, dass der 60-Jährige die erste der beiden ihm verbleibenden Dekaden vitaler zubringen kann als die zweite, wie sie auch dem 70-Jährigen verbleibt. Dieser Umstand erhöht die Stakes des 60-Jährigen gegenüber dem 70-Jährigen zusätzlich.

Studien haben gezeigt, dass auch unter 60-Jährige beträchtlichen Risiken ausgesetzt sind. Von 10 000 hospitalisierten Covid-19-Patient*innen in Deutschland waren fast 30 Prozent unter 60 Jahren.[9] Bei den Patient*innen, die auf Beatmung angewiesen waren, betrug der Anteil an unter 60-Jährigen rund ein Viertel. Die Todeswahrscheinlichkeit ist für 50-Jährige im Vergleich zu 60-Jährigen erneut um den Faktor zwei reduziert, jene für 40-Jährige um den Faktor fünf.[10] Nun steht für 40-Jährige vermutlich nicht zehnmal mehr auf dem Spiel als für 60-Jährige, doch offensichtlich ist das keineswegs. An nackten Lebensjahren differieren die Stakes nicht um einen Faktor zehn, doch qualitativ (etwa in Bezug auf berufliche Projekte oder die Gründung einer Familie) sind die beiden Dekaden zwischen dem

Letzterer kann allerdings geltend machen, dass er im Infektionsfalle eine höhere »Dringlichkeit« habe (dass die erhöhte Todeswahrscheinlichkeit also überproportional zu gewichten sei). Insgesamt bleibt einigermaßen unklar, welche der beiden Personen einen höheren Risikostatus beanspruchen kann. Die gängige These, dass 70-Jährige zentraler zur Risikogruppe gehören als 60-Jährige, ist unplausibel. Entsprechend zweifelhaft ist auch die Depriorisierung der 60-Jährigen im Rahmen von Makro-Triage-Verfahren wie der Vergabe knapper Impfstoffe.

9 Christian Karagiannidis [u. a.], »Case Characteristics, Resource Use, and Outcomes of 10,021 Patients With COVID-19 Admitted to 920 German Hospitals: An Observational Study«, in: *The Lancet Respiratory Medicine* 8 (2020) H. 9. S. 853–862.

10 Megan O'Driscoll [u. a.], »Age-Specific Mortality and Immunity Patterns of SARS-CoV-2«, in: *Nature* (2020) S. 1–8; Andrew Levin [u. a.], »Assessing the Age Specificity of Infection Fatality Rates for Covid-19: Systematic Review, Meta-Analysis, and Public Policy Implications«, in: *European Journal of Epidemiology* 35 (2020) S. 1123–38.

40. und dem 60. Lebensjahr vermutlich besonders wichtig. 40-Jährige sollten sich jedenfalls nicht vorschnell für ungefährdet halten.

Das gilt umso mehr, als von einer Corona-Infektion nicht nur Mortalitäts-, sondern auch Morbiditätsrisiken ausgehen, insbesondere das Risiko diffuser Langzeitschäden. In einer Studie von 2007 zu den Spätfolgen der SARS-Epidemie (2003) gaben über 40 % der befragten damals hospitalisierten Patient*innen an, an chronischer Erschöpfung zu leiden. Da das neue Coronavirus (SARS-CoV-2) dem ursprünglichen SARS-Virus ähnelt, bestand schon zu Beginn der ersten Infektionswelle Grund zur Sorge, dass ähnliche gesundheitliche Schäden auch einem erheblichen Prozentsatz der Covid-Patient*innen drohen.[11] Inzwischen legen die Daten nahe, dass sich 10–15 % der symptomatischen Corona-Infizierten über längere Zeit nicht erholen.[12] Chronische Erschöpfung bedeutet einen enormen Verlust an Lebensqualität und Produktivität: Leichte körperliche und geistige Anstrengungen können lange Erholungszeiten erfordern, schwerere können unmöglich werden.

Wiederum gilt: Wer jung an einem Erschöpfungssyndrom erkrankt, könnte deutlich mehr verlieren als andere, da das Syndrom potenziell einen viel größeren Anteil des Lebens überschattet. Das liefert einen weiteren Grund, nicht vorschnell davon auszugehen, der Risikostatus jüngerer Menschen liege um Größenordnungen tiefer.

11 Vgl. Mukerji/Mannino 2020, S. 34/89.

12 Jennifer Couzin-Frankel, »From ›Brain Fog‹ to Heart Damage, COVID-19's Lingering Problems Alarm Scientists«, in: *Science Magazine*, 31. 7. 2020.

Würde man den Begriff der Risikogruppen entsprechend fassen, verschöbe sich die eingangs skizzierte Debatte und das erwähnte Patt könnte sich auflösen. Denn falls Personen ab 40 oder 50 Jahren auch zur Risikogruppe gehören (wenn auch weniger zentral als ältere Menschen), gleicht sich der Schutz der Risikogruppe dem Schutz der Gesamtbevölkerung durch Maßnahmen an, die keine Risikostratifizierung vornehmen.[13]

5.3 Humanexperimente in der Impfstoffforschung

Wer nach der gängigen, verkürzten Definition zur Risikogruppe zählt, kann sich prioritär impfen lassen. Auch für diese Form der Makro-Triage gilt das erste Triage-Gebot: Wir sollten die Notwendigkeit einer Triage nach Kräften vermeiden oder ihre Härte zumindest abschwächen. Das lässt sich dadurch erreichen, dass wir frühzeitig auf eine Erhöhung der später verfügbaren Impfstoffmenge hinwirken.

Unsere Strategie im Umgang mit Covid-19 steht und fällt mit der Möglichkeit, die Bevölkerung hinreichend schnell zu impfen. Bereits im Frühjahr 2020 wurde deutlich, dass wir auf eine wirksame Impfung angewiesen sind – andernfalls hätte der Versuch, das Virus mit einschneidenden Maßnahmen einzudämmen (anstatt die Kurve nur abzuflachen, d. h. eine langsame Durchseuchung zu erwirken), strategisch keinen Sinn ergeben. Denn falls

13 Dabei bleibt es selbstredend wichtig, die Alten- und Pflegeheime ganz besonders zu schützen.

die Impfung nicht hinreichend schnell erfolgen kann, ist die Durchseuchung alternativlos. Vor diesem Hintergrund konnte die strategische Bedeutung der Impfung nicht überschätzt werden. Je früher die Impfung erfolgt, desto weniger Makro-Triage-Fragen stellen sich im Zusammenhang mit den Maßnahmen zur Eindämmung des Virus.

Aus diesem Grund hätte eine vernünftige, vorausschauende Impfpolitik ab Frühjahr 2020 sofort dafür gesorgt, dass die Produktionskapazitäten für alle potenziell erfolgreichen Impfstofftypen massiv ausgebaut werden.[14] Im Vorhinein mag die Suche nach dem besten Impfstoffkandidaten der sprichwörtlichen Suche nach der Nadel im Heuhaufen gleichen. Doch der Virologe Christian Drosten irrt, wenn er behauptet, die europäische Impfpolitik lasse sich deswegen »nicht bewerten«.[15] Denn die risikostrategische Maxime lautet hier: Wer die Nadel nicht findet, kaufe den Heuhaufen! Das hätte sich nämlich auch dann sehr gelohnt, wenn die Mehrzahl der potenziellen Impfstoffe gescheitert und nur eine kleine Gruppe zur Produktion gelangt wäre. Entsprechende Investitionen sind als Versicherungsprämien zu sehen, die uns gegen mögliche Engpässe in der Impfstoffproduktion absichern. Sie fallen so gut wie nicht ins Gewicht im Vergleich zu den Hunderttausenden Toten, den Millionen Langzeitgeschädigten und den Billionen an volkswirtschaftlichem Wert, die in Europa nun al-

14 Manche – allen voran Bill Gates – haben dies auf privater Basis getan. Mein Ko-Autor und ich haben es hierzulande im April 2020 empfohlen, s. Mukerji/Mannino 2020, S. 14.

15 Nikil Mukerji / Adriano Mannino, »Beginn einer neuen Pandemie: Die Gefahr der Virusmutante wird sträflich unterschätzt«, in: *Tagesspiegel*, 6.1.2021.

lein deshalb auf dem Spiel stehen, weil sich die Durchimpfung um Monate verzögert. Wir können uns während einer Pandemie das Risiko schlicht nicht leisten, nach der Zulassung von Impfstoffen auf die Produktionskapazitäten zu warten. Dies ist nun Realität geworden.

Hätte man die Produktionskapazitäten zur Risikoabsicherung aggressiv und diversifiziert hochgefahren, wäre die gefährliche Problemlage vermieden worden, die im Winter 2020/21 eintrat. Jeder potenziell erfolgreiche Impfstoff hätte in einer Menge bestellt werden müssen, die für ganz Europa ausreicht – nur so wären wir abgesichert gewesen.[16] Staat und Wirtschaft hätten dieses Ziel ohne Weiteres erreichen können. Mit genügend Impfstoff wäre Deutschland nun in der Lage, bis Mitte Januar alle über 65-Jährigen zu impfen: Israel und weitere Staaten mehr stellten unter Beweis, dass ein Impftempo von 1 % der Bevölkerung pro Tag machbar ist.

Neben der Förderung der Produktionskapazitäten hätte auch die Beschleunigung der *Impfstoffentwicklung* geprüft werden müssen. Das ist zwar ein komplexeres Unterfangen, doch es wirft im Erfolgsfall einen noch größeren Nutzen ab.

Bei der Suche nach einem effektiven Impfstoff sind verschiedene Stufen zu durchlaufen. Nach der Herstellung eines Wirkstoffkandidaten und der Überprüfung seiner

16 Ökonomisch und risikoethisch ist das eine Trivialität, und vielleicht rächt sich hier, dass die Expert*innen einseitig konsultiert wurden, s. Mukerji/Mannino 2020, S. 50–62. Das zentral zuständige wissenschaftliche Feld ist nicht die Virologie, sondern die interdisziplinäre Pandemieprävention und -strategie als Teil der Public-Health-Wissenschaft, die auch wissenschafts- und bildungspolitisch vernachlässigt wurde.

Sicherheit in den Phasen 1 und 2 erfolgt in Phase 3 eine Bewertung der Effektivität. Dabei wird der mögliche Impfstoff im Rahmen einer randomisierten, placebokontrollierten Studie an eine Gruppe von Studienteilnehmer*innen verabreicht, während eine Kontrollgruppe einen Placebo-Impfstoff erhält. Die schnellste, wissenschaftlich leistungsstärkste Methode bestünde darin, in Phase-3-Studien alle Teilnehmer*innen nach der Gabe der Impfung bzw. des Placebos bewusst mit dem jeweiligen Pathogen – im Fall der Covid-19-Impfung: mit SARS-CoV-2 – in Kontakt zu bringen. Mit Hilfe einer vergleichsweise kleinen Gruppe von Proband*innen, deren Wohl zum Zwecke des wissenschaftlichen Fortschritts aufs Spiel gesetzt wird, könnte dann sehr schnell herausgefunden werden, ob und wie wirksam die Impfung ist. Eine solche Forschungspraxis, so scheint es, ist mit dem Selbstverständnis einer auf der Menschenwürde gründenden, rechtsstaatlich verfassten Gesellschaft jedoch kaum vereinbar. Gesunde Testpersonen – noch dazu die mit Sicherheit ungeschützte Placebo-Gruppe – gezielt mit einem potenziell todbringenden Virus zu infizieren, ist ethisch gesehen hochproblematisch. Der entsprechende Grundsatz findet sich in einem zentralen Dokument der Medizinethik, der Deklaration von Helsinki der World Medical Association (WMA). Danach unterliegt medizinische Forschung »ethischen Standards, die den Respekt für alle menschlichen Versuchspersonen fördern und sicherstellen sowie ihre Gesundheit und Rechte schützen.«[17]

17 World Medical Association, *WMA Declaration of Helsinki: Ethical Principles for Medical Research Involving Human Subjects,*

Es lohnt sich allerdings, angesichts des enormen Nutzens eines schnell(er) verfügbaren Impfstoffs sehr genau über die ethischen Restriktionen der sogenannten *Human Challenge Trials* (HCTs) nachzudenken, in deren Rahmen gesunde Versuchspersonen mit einem Krankheitserreger in Kontakt gebracht werden. Der Grund dafür liegt auf der Hand: Die Covid-19-Impfstoffe liegen seit langem vor. Die Blaupause für den mRNA-Impfstoff der Firma Moderna, der nach aktuellen Studienergebnissen eine Effektivität von fast 95 % aufweist (also 95 % der Geimpften vor der Krankheit schützt), lag bereits am 13. Januar 2020 vor – zwei Tage nach der Entschlüsselung des Genoms des neuen Coronavirus. Einen Monat später waren erste Chargen für die Phase-1-Erprobung produziert. Seither starben mehr als zwei Millionen Menschen an den Folgen einer Infektion, und es entstand ein enormer sozioökonomischer Schaden. Der amerikanische Wissenschaftsjournalist David Wallace-Wells führt dazu aus:

> Dass ein Impfstoff während der gesamten brutalen Dauer [der Pandemie] zur Verfügung stand, mag für künftige Generationen, wenn sie Lehren aus unserem Tod und Leiden zu ziehen versuchen, das tragischste und ironischste Merkmal dieser Seuche sein.[18]

2013. Die Menschenexperimente der Nationalsozialisten sowie die Tuskegee-Studie (1932–72), bei der eine Gruppe afroamerikanischer Männer bewusst mit Syphilis infiziert und trotz der Verfügbarkeit eines Medikaments nicht behandelt wurde, können als mahnende Beispiele dienen.

18 David Wallace-Wells, »We Had the Vaccine the Whole Time«, in: *Intelligencer*, 7. 12. 2020.

Hätte es also einen ethisch vertretbaren Weg gegeben, die Impfstoffforschung mittels HCTs zu beschleunigen und die volle Leistung der Wissenschaft abzurufen, dann hätten wir ihn – auch und gerade aus ethischen Gründen – gehen müssen.

Es steht zu vermuten, dass es einen solchen Weg gegeben hätte. Denn die ethische Zulässigkeit von HCTs – als Form der Makro-Triage – hängt von einer Reihe von Bedingungen ab, die wahrscheinlich erfüllt werden können.

1. *Freiwilligkeit und informierte Zustimmung*: Die Versuchspersonen nehmen freiwillig und in Kenntnis aller Risiken am HCT teil. Dieses Kriterium wäre erfüllbar gewesen: Am MIT und an der Universität Harvard etwa erprobten Wissenschaftler*innen einen experimentellen Covid-19-Impfstoff im Selbstversuch[19], und seit Januar nahmen in Großbritannien zunächst 90 Versuchspersonen am ersten Covid-19-HCT teil.[20] Es ist davon auszugehen, dass sich für größere, unter strengen Auflagen durchgeführte HCTs hinreichend viele Personen freiwillig zur Verfügung stellen würden.

2. *Gesundheitliche Risiken*: Je geringer die mit HCTs verbundenen gesundheitlichen Risiken, desto eher sind sie ethisch zulässig. Bei der Rekrutierung kann man darauf achten, dass gewissenhaft nach Risikofaktoren – besonders natürlich: nach Alter und Vorerkrankungen – gescreent wird. Im oben genannten Covid-19-HCT der britischen Re-

19 Antonio Regalado, »Some Scientists are Taking a DIY Coronavirus Vaccine, and Nobody Knows if it's Legal or if it Works«, in: *MIT Technology Review*, 29. 7. 2020.

20 Tony Kirby, »Covid-19 Human Challenge Studies in the UK«, in: *The Lancet Respiratory Medicine* 8 (2020) H. 12. S. e96.

gierung etwa sind die Versuchspersonen 18- bis 30-jährig und ohne Vorerkrankungen.[21]

3. *Vermeidung von Ausbeutung*: Bei der Rekrutierung von Freiwilligen für HCTs besteht aus ethischer Sicht die Gefahr der Ausbeutung von Notlagen und wirtschaftlicher Benachteiligung. Bei entsprechenden Versuchen wird regelmäßig eine Aufwandsentschädigung gezahlt, die ökonomisch Benachteiligte besonders zur Teilnahme anreizt. Das ist nach der plausiblen Auffassung vieler Ethiker*innen inakzeptabel. Die Problematik scheint analog zur Diskussion um die Ethik von Organmärkten: Gäbe es etwa einen Markt, auf dem Spender*innen eine Niere zur Transplantation verkaufen könnten, würden sich besonders sozioökonomisch Benachteiligte gezwungen sehen, dies zu tun.[22] Nun besteht jedoch der ethische Konsens, dass *altruistisch* motivierte Nierenspenden, die nicht vergütet werden, zulässig sind. Analog können HCTs, bei denen die Versuchspersonen keinerlei wirtschaftliche Kompensation erhalten, den ethischen Einwand der Ausbeutung umgehen.[23]

21 Ebd.

22 Vgl. Michael Sandel, *What Money Can't Buy – The Moral Limits of Markets*, New York 2012.

23 Verzichtet man auf jede monetäre Kompensation, erschwert sich die Rekrutierung. International sollten sich (aggregiert) trotzdem hinreichend viele Teilnehmer*innen finden. Außerdem bestünde die (zynische?) Möglichkeit, eine Kompensation anzubieten und Ethikkommissionen sicherstellen zu lassen, dass keine wirtschaftliche Not ausgebeutet wird. Nicht zuletzt ist auch zu diskutieren, ob vom paternalistischen Kompensationsverbot Abstand genommen werden sollte. Sind die individuellen Risiken hinreichend gering, könnte dies – zumal in einer globalen Katastrophenlage – ethisch vertretbar sein.

4. *Gesellschaftlicher Nutzen*: HCTs dürfen nur dann erwogen werden, wenn mit den zu erwartenden Erkenntnissen ein enormer gesellschaftlicher Nutzen verbunden ist. Diese Situation war insbesondere in der Frühphase der Covid-19-Pandemie gegeben. Durch die schnelle Wirksamkeitsprüfung und anschließende Massenproduktion der Impfstoffe hätten zu diesem Zeitpunkt *ceteris paribus* – d. h. unter dem gleichen Versagen der europäischen Pandemiekontrolle – Hunderttausende der späteren Covid-19-Opfer gerettet werden können. Außerdem wäre die Zeitersparnis angesichts der geringen damaligen Verbreitung des Virus in der Bevölkerung noch größer gewesen, als dies aktuell der Fall wäre. Denn je weniger verbreitet das Virus in der Bevölkerung ist, desto umfassender und langwieriger müssen aus statistischen Gründen die Phase-3-Experimente angelegt sein und desto größer ist im Vergleich der Vorteil kontrollierter HCTs.

Die genannten Gesichtspunkte zeigen, dass die Gefahr besteht, dass höchst produktive Forschungsstrategien vorschnell verworfen werden. Ethische Analysen dazu, wie solche Strategien durch Anpassungen im Forschungsdesign vertretbar umzusetzen sind, könnten die Leistungsfähigkeit der Wissenschaft in Krisenlagen entfesseln und der Gesellschaft einen enormen Dienst erweisen.[24] Ab Februar 2020 hätten HCTs durchgeführt werden können, um die Wirksamkeit der mRNA-Impfstoffe zu überprüfen – spätestens im Frühsommer wären die ersten Zulassungen erfolgt.

24 Mit anderen Worten: Ein epistemisches Katastrophenrisiko der Ethik (und der Rechtswissenschaften) besteht darin, dass lebensrettende Forschungsstrategien, die vertretbar umgesetzt werden könnten, zum Verbot vorgeschlagen werden.

5.4 Der Preis eines Menschenlebens

Solange die Impfstoffe nicht in ausreichender Menge zur Verfügung stehen, ist der Schutz der Risikopersonen teuer. Lockdown-Maßnahmen kosten uns als Wirtschaft und Gesellschaft jede Woche Milliarden. Vor diesem Hintergrund werden gelegentlich Stimmen laut, die die Bewertung des Lebensschutzes kritisieren. Wenn Milliarden ausgegeben würden, um relativ wenige (meist hochbetagte) Personen zu retten, sei ein vernünftiges Verhältnis nicht mehr gegeben, monierte man etwa in der Schweiz.

An diesem Punkt wird besonders deutlich, dass sich auch Ökonom*innen in der Rolle der Triagierenden wiederfinden können, wenn sie entsprechende Güterabwägungen vornehmen und (politisch wirkungsvoll) empfehlen. Auch hier gilt zunächst das erste Gebot der Triage, dem zufolge eine Triage nach Kräften zu vermeiden ist. Das bedeutet einerseits, dass frühzeitig präventive Maßnahmen zu ergreifen sind, damit wir später nicht zu reaktiven, auch wirtschaftlich kostspieligen Maßnahmen gezwungen sind. Andererseits ist die Frage zu klären, ob überhaupt ein großräumiger Konflikt zwischen gesundheitlichen und ökonomischen Zielen besteht, sobald das epidemische Geschehen seinen (exponentiellen) Lauf nimmt. Die Virologie und Epidemiologie können diese Frage höchstens zur Hälfte beantworten; für die andere Hälfte sind insbesondere die Wirtschaftswissenschaften zuständig. Im Idealfall sind Erkenntnisse aus beiden Bereichen zu einem interdisziplinären Beitrag zusammenzuführen, wie dies etwa im Rahmen einer Kollaboration zwischen dem IFO-Institut für Wirtschaftsforschung an der Universität München und dem Helmholtz-Zentrum für Infektionsforschung (HZI) geschehen ist.[25] Die gemeinsame Stellungnahme der Wissenschaftler*innen führt aus, dass bei möglichen Lockerungen »ökonomische mit gesundheitlichen Zielen bestmöglich in Einklang zu bringen« sind, und gelangt zu dem Ergebnis, »dass es in Bezug auf eine starke Lockerung der Maßnahmen keinen Konflikt zwischen wirtschaftlichen und gesundheitlichen Kosten gibt – aus beiden Blickwinkeln betrachtet ist eine zu starke Lockerung [...] nicht wünschenswert.«[26] Ebenso werden Leitplanken für politische Entscheidungen spezifiziert, bei denen sowohl gesundheitliche als auch wirtschaftliche Interessen bestmöglich berücksichtigt seien. Die Autor*innen der Studie empfehlen der Politik, eine effektive Reproduktionszahl (Rt) von 0,75 anzustreben, so dass 100 Infizierte im Schnitt nicht mehr als 75 weitere Personen anstecken.

Sofern und insoweit sich eine Makro-Triage zwischen verschiedenen gesellschaftlichen Zielen bzw. den entsprechenden Interessen und Ansprüchen jedoch nicht vermeiden lässt, stellt sich die Frage, *was ein Menschenleben kosten darf.* Das Schweizer Bundesgericht hat in diesem Zusammenhang eine Obergrenze festgelegt, der zufolge ein zusätzliches gerettetes Lebensjahr das öffentliche Gesundheitswesen nicht mehr als 100 000 Franken kosten soll.

Diese Saldierung von Leben bzw. Lebensjahren wird in der Perspektive antiutilitaristischer, insbesondere kantisch

25 Florian Dorn [u. a.], »Das gemeinsame Interesse von Gesundheit und Wirtschaft: Eine Szenarienrechnung zur Eindämmung der Corona-Pandemie«, in: *IFO-Institut für Wirtschaftsforschung*, 12. 5. 2020.

26 Vgl. Dorn [u. a.] 2020, S. 1.

geprägter Ethiken höchst kritisch gesehen. Der Mensch hat laut Kant keinen Preis, sondern eine Würde, die womöglich einem unendlichen Wert gleichgesetzt werden kann. Entsprechend, so ein gängiges Argument, darf man gerettete Leben bzw. Lebensjahre nicht monetär bewerten und verrechnen.

Es ist jedoch vorschnell, Obergrenzen bei Rettungskosten utilitaristisch zu deuten, denn es besteht ein wichtiger Unterschied zwischen dem Wert eines Lebens und dem Betrag, den man zur Rettung eines Lebens opfert oder zu opfern verpflichtet ist. Wenn in einem Entwicklungsland das Leben eines erkrankten Kindes gerettet werden kann, weil 2000 Euro gespendet wurden, so drückt dies seitens des Spenders nicht das Urteil aus, dass das Leben des Kindes 2000 Euro bzw. einen entsprechenden Warenkorb wert sei. Und wenn eine mir fremde Person eine Spenderniere benötigt, während ich ein kompatibler Spender wäre, so kann ich eine Spende verweigern, ohne damit das Urteil zu fällen, meine Niere sei mehr wert als das Leben der anderen Person. Der Grund, weshalb ich meine Niere moralisch gesehen behalten darf, besteht darin, dass es eine Obergrenze dessen gibt, was ich zu opfern verpflichtet bin. Die Existenz dieser Grenze ist durchaus mit der kantischen Ansicht vereinbar, entsprechend der jedes Menschenleben eine unveräußerliche Würde oder unendlichen Wert besitzt. Mehr noch: Die kantische Ansicht impliziert die Existenz der Obergrenze geradezu. Gäbe es sie nicht, wäre jede Person dazu verpflichtet, sich ohne Einschränkung zum (größeren) Wohle anderer zu opfern. Das aber wäre unvereinbar mit der jeder Person eigenen Würde: Es käme einer umfassenden Instrumentalisierung zum guten Zweck gleich.

Analog lässt sich auch die gesellschaftliche Obergrenze von 100 000 Franken zur Rettung eines zusätzlichen Lebensjahres verstehen, wie sie vom Schweizer Bundesgericht explizit gemacht wurde. Die Saldierung misst nicht dem Leben bzw. dem Lebensjahr einen Wert bei, sondern begrenzt den Umfang unserer kollektiven Hilfspflicht. Über den genauen Grenzwert (und seine kohärente Anwendung in unterschiedlichen Praxisbereichen) lässt sich ausführlich streiten, doch die Festlegung eines solchen ist nicht an sich problematisch.

Schwerwiegende ethische Probleme wirft dagegen die genannte gesundheitsökonomische Tatsache auf, dass mit wirkungsvoller Entwicklungszusammenarbeit ein Menschenleben zum Preis von nur 2000 Euro gerettet werden kann. Weil Geld einen abnehmenden Grenznutzen hat, vermag derselbe Geldbetrag in armen Ländern einen viel höheren direkten Nutzen zu bewirken als in reichen Ländern. Die Gesundheitsökonomie setzt die Rettung »eines Lebens« meist mit der Rettung von durchschnittlichen 30 Lebensjahren gleich, so dass die 2000 Euro »pro Leben« einem Betrag von rund 70 Euro pro Lebensjahr entsprechen. Angesichts dieser ungleich kosteneffizienteren Möglichkeit, Leben in anderen Ländern zu retten, drängt sich die Frage auf: Wenn wir bereit sind, für ein zusätzliches Lebensjahr einer Mitbürgerin 100 000 Franken zu zahlen, warum fließt nicht viel mehr Geld in die Entwicklungsländer, wo derselbe Betrag 100 000 / 70 = ca. 1400 Lebensjahre retten könnte?[27] Unter der Voraussetzung, dass jedes Men-

27 Hier ist freilich Vorsicht geboten. Folgt man den Überlegungen, die wir in Kapitel 3 angestellt haben, ist es äußerst relevant, ob

schenleben unabhängig vom Geburtsort gleich zählt: Wie kann es gerechtfertigt sein, Mitbürger*innen derart stark zu priorisieren? Wann immer 100 000 Franken aufgewendet werden, ein Lebensjahr eines Mitbürgers zu retten, könnten anderswo 1400 Lebensjahre gerettet werden. Man muss sich fragen: Ist diese Makro-Triage zulässig?

Es ist (wie wir im abschließenden Kapitel sehen werden) tatsächlich plausibel, dass unsere Hilfspflichten gegenüber den global Ärmsten viel weiter reichen, als unsere faktischen Hilfeleistungen dies gegenwärtig tun. Zugleich spricht ethisch aber alles dafür, die herausgehobene Stellung unserer Mitbürger*innen nicht gegen die anzuhebende Stellung der Weltärmsten auszuspielen. Im Kontext der Corona-Lockdowns etwa wird gelegentlich argumentiert, der wirtschaftliche Abschwung treibe weltweit Millionen Menschen in den Hunger, so dass die Lockdown-Maßnahmen ethisch kaum zu rechtfertigen seien. Doch wer so argumentiert, müsste unabhängig von der Corona-Krise auch fragen: Warum streichen wir den Sozialstaat in reichen Ländern nicht zusammen und unterstützen mit den freiwerdenden Ressourcen die ärmsten Länder? Weil wir dies nicht tun, sterben in den Entwicklungsländern auch Millionen Menschen. Doch priorisieren wir unsere eigene Gesellschaft mit gutem Grund, so zynisch das klingen mag. Denn sollten wir selbst in schwere Krisen geraten, könnten wir anderen Ländern am Ende auch nicht mehr helfen; und

diese 1400 Jahre zum Beispiel auf 2800 Menschen verteilt sind, die je ein halbes Jahr dazugewinnen, oder auf 50 Menschen, die je rund 30 zusätzliche Lebensjahre erhalten. Die (oft utilitaristisch orientierte) Gesundheitsökonomie tendiert dazu, diesen Unterschied zu unterschlagen.

selbst wenn wir weiterhin helfen könnten, so wäre der politische Wille dafür noch schwerer aufzubringen. Nicht zuletzt schulden wir unseren Mitbürger*innen – als Mitgliedern einer besonders engen Kooperationsgemeinschaft – mehr als den Bewohnern von Entwicklungsländern, auch wenn jedes Menschenleben an sich gleich zählt. Es scheint daher *sowohl* geboten, im harten Konfliktfall unsere Mitbürger*innen zu priorisieren, *als auch* die Entwicklungszusammenarbeit mit den Weltärmsten stark zu erhöhen.

5.5 Wen rette *ich*, und wie viele?

Doch wie weit reichen unsere Hilfspflichten tatsächlich? Auf den Ethiker Peter Singer geht das folgende Gedankenexperiment und Argument zurück[28]: Angenommen, Sie stoßen auf ein Kind, das in einen Teich gefallen ist und zu ertrinken droht. Sie wissen, dass die Rettung des Kindes leicht und sicher zu bewerkstelligen wäre; Sie müssen lediglich in das für Sie niedrige Wasser waten und das Kind herausziehen. Allerdings tragen Sie aus beruflichen Gründen gerade einen teuren Anzug (2000 Euro), der durch Ihre Rettungstat ruiniert würde und den Sie sich ersetzen müssten (an Ihrem Arbeitsplatz wird eine bestimmte Kleidung vorausgesetzt). Falls Sie durch den Verlust des Geldes nicht in eine finanzielle Notlage geraten, wäre es hochgradig unmoralisch, das Kind ertrinken zu lassen: Ihr Gewinn bzw. Nicht-Verlust stünde in keinem vernünftigen und

28 Peter Singer, »Famine, Affluence, and Morality«, in: *Philosophy & Public Affairs* 1 (1972) H. 3. S. 229–243.

vertretbaren Verhältnis zum geopferten Gut, dem Leben des Kindes.

Wie erwähnt zeigen entwicklungs- und gesundheitsökonomische Studien nun aber, dass eine klug eingesetzte Spende von 2000 Euro tatsächlich ein Kind retten würde. Der weitverbreitete Zynismus bezüglich der Entwicklungszusammenarbeit ist hier empirisch schlicht falsch bzw. greift daneben: Selbst wenn es zutreffen sollte, dass die *gesamte* bisherige Entwicklungszusammenarbeit netto neutral oder gar negativ zu bewerten ist, so wäre dies Ergebnis nicht dadurch zustande gekommen, dass sich *jedes einzelne* Entwicklungsprojekt neutral oder negativ ausgewirkt hat. Statistisch gesehen müsste eine Verteilung vorliegen, wonach sich manche Projekte negativ, manche neutral und manche positiv ausgewirkt haben – alles andere wäre ein statistisches Wunder. Der entwicklungs- und gesundheitsökonomischen Forschung geht es darum, die (hochgradig) positiven Projekte ausfindig zu machen und diese zu skalieren. Das Resultat, dass die besten Projekte mit einem Betrag von ca. 2000 Euro ein Leben retten, ist empirisch gut belegt.[29]

Analog zum Fall des ertrinkenden Kindes kann daher argumentiert werden, dass Sie Ihre 2000 Euro – falls Sie nicht auf den Betrag angewiesen sind, um eine finanzielle Notlage abzuwenden – spenden sollten, um ein Kind vor den tödlichen Folgen der extremen Armut zu retten. Der Um-

29 Vgl. dazu die Ergebnisse des wissenschaftlichen Hilfswerk-Evaluators GiveWell (www.givewell.org). Die empfohlenen Projekte retten kurzfristig Leben und sind auch langfristig – insbesondere in demographischer Hinsicht – nachweislich tragfähig: Mit der Kindersterblichkeit sinkt auch die Geburtenrate.

stand, ob dieses Kind im Teich nebenan oder in weiter Ferne stirbt, sollte moralisch keine Rolle spielen. Die Abwägung bleibt dieselbe: 2000 Euro auf Ihrem Bankkonto gegen das Leben eines Kindes.

Zwischen den beiden Fällen bestehen jedoch auch relevante Unterschiede. Die empirische Realität konfrontiert uns natürlich nicht nur mit *einem* Kind, das es zu retten gilt – jede zusätzliche Spende von 2000 Euro rettet (bis auf Weiteres) ein zusätzliches Kind. Außerdem sind Sie mit Ihrer Spende nicht der einzige Akteur, der einen Beitrag zur Rettung der Kinder leisten kann.

Konstruieren wir zur Veranschaulichung einen Fall, in dem wir es mit zehn Personen zu tun haben, die mit jeweils 2000 Euro je ein Kind retten können, sowie entsprechend mit zehn Kindern, die der Rettung bedürfen. Die folgenden Fragen drängen sich auf:

1. Muss eine einzelne Person P grundsätzlich so viele Kinder retten wie irgend möglich?[30]

30 Die entsprechende Berücksichtigung der Anzahl der geretteten Kinder setzt im Übrigen nicht voraus, dass Menschenleben aufgerechnet werden. Selbst wenn eine Aufrechnung unmöglich oder unzulässig sein sollte, handelt man mit jeder zusätzlichen Pareto-Verbesserung, die man herbeiführt, gut bzw. besser. (Pareto-Verbesserungen stellen niemanden schlechter, mindestens eine Person aber besser.) Womöglich müsste jedes weitere zu rettende Kind durch ein gerechtes Losverfahren bestimmt werden. Diese Frage ist im Einzelnen komplex, auch weil sich Geldbeträge (im Gegensatz zu Beatmungsgeräten oder Organen) aufteilen lassen und weil neben den Weltärmsten eine ebenfalls arme globale Mittelklasse existiert, deren Ansprüche wir nicht vernachlässigen dürfen. Hier ist eine entsprechend der Stärke der Ansprüche gewichtete Verteilung der knappen Ressourcen ins Auge zu fassen.

2. Muss P auch dann einen Großteil ihres Geldes spenden, um möglichst viele Kinder zu retten, wenn die übrigen Personen ihre gleiche Pflicht nicht tun und die Kinder ignorieren?

Solange die Kosten für P hinreichend gering sind und bleiben, ist es plausibel, dass P mehrere Kinder retten sollte – selbst dann, wenn keine andere Person ein Kind rettet. Immerhin bedeutet die Rettungshandlung für das jeweils betroffene Kind *alles*, während der Verlust von 2000 Euro für Person P leicht verschmerzbar ist, womöglich auch mehrfach bzw. wiederholt.

Nun weist Geld aber einen abnehmenden Grenznutzen auf: Je mehr man davon besitzt, desto weniger zusätzlichen Nutzen stiftet es. Umgekehrt büßt man überproportional viel Nutzen ein, je mehr Geld man weggibt bzw. je weniger man initial hat. Dieser Umstand markiert den Unterschied zwischen einem Millionär, der 2000 Euro spendet, und einem Durchschnittsverdiener, der Gleiches tut.

Es gilt also: Je mehr Kinder von Person P gerettet werden, desto größer das persönliche Opfer, das P zu erbringen hat, um ein zusätzliches Kind zu retten. Dabei wird bald eine Grenze erreicht sein, ab der die Rettung eines weiteren Kindes nicht mehr moralisch geboten ist, weil die Kosten für P unzumutbar geworden sind. P ist nicht verpflichtet, sich einer grenzenlosen Instrumentalisierung zum guten Zweck zu unterwerfen. Wir können hier beispielhaft annehmen, dass die Grenze dann erreicht sei, wenn P mit 6000 Euro drei (der zehn) Kinder gerettet hat, d. h. dass der Unterschied zwischen 6000 und 8000 gespendeten Euro für P so schwer wiegt, dass P beim Spendenbetrag von 6000 Euro stoppen darf.

Doch kann P wirklich verpflichtet sein, drei Kinder zu retten, wenn die neun anderen Personen völlig untätig bleiben? Wird P in diesem Fall nicht von den anderen ausgenutzt, die noch nicht einmal *ein* Kind retten, obwohl auch sie dazu verpflichtet wären, bis zu drei Kinder zu retten? Der Ethiker Liam Murphy hat die These vertreten, dass man nicht verpflichtet sein kann, mehr zu tun, als man tun muss, wenn alle Beteiligten ihrer moralischen Pflicht nachkommen und ihren gleichen Teil tun.[31] In unserem Beispiel wäre dies dann gegeben, wenn jede der zehn Personen eines der zehn Kinder retten würde. Dieser Vorschlag ist von der Idee geleitet, dass moralisches Handeln ein kooperatives Unterfangen ist bzw. sein sollte. Entsprechend werden Aspekte der Verteilungsgerechtigkeit auch auf der Ebene kollektiven moralischen Handelns einschlägig: Ein moralischer Akteur sollte nicht allein deshalb mehr Opfer bringen müssen, weil andere Akteure ihren kooperativen Teil nicht übernehmen. Demnach wäre Person P nicht verpflichtet, drei Kinder zu retten bzw. 6000 Euro zu spenden. Denn würde jeder der zehn Akteure seinen Beitrag leisten, müsste keiner mehr als 2000 Euro spenden, damit die zehn Kinder gerettet werden.

Ist es plausibel, dass P nicht dazu verpflichtet ist, drei Kinder zu retten bzw. 6000 Euro zu spenden, wenn P nur deshalb 6000 Euro spenden müsste, weil die anderen Personen jede Kooperation verweigern und ihren fairen Pflichtanteil nicht leisten?

Einerseits scheint die Tatsache, dass die anderen Akteure

31 Liam Murphy, »The Demands of Beneficence«, in: *Philosophy & Public Affairs* 22 (1993) H. 4. S. 267–292.

ihren Teil nicht tun, moralisch dafür zu sprechen, dass P *erst recht* mindestens drei Kinder retten sollte, um die Untätigkeit der anderen zu kompensieren. Für die Kinder – also die Opfer, um deren Perspektive es moralisch zentral geht – ist es schließlich irrelevant, wer sie (nicht) gerettet hat. Wenn P mehr als ein Kind retten kann, ohne eine unzumutbare finanzielle Last zu tragen, dann scheint dies geboten zu sein. Für die Kinder geht es um alles, und P weiß, dass ohne ihre zusätzliche Hilfe zwei weitere Kinder sterben werden, die andernfalls überleben. Die Untätigkeit der anderen Akteure verändert die Handlungssituation für P so, dass P stärker gefordert ist.

Andererseits aber wäre es eine kluge Strategie, wenn P öffentlich ankündigte, definitiv nur ein Kind zu retten. So könnte sich P davor schützen, von den anderen neun Personen moralisch ausgenutzt zu werden: Vielleicht wären einige von ihnen eigentlich willens, 2000 Euro aufzuwenden, um ein Kind zu retten. Sollte ihnen jedoch bekannt werden, dass P mindestens drei Kinder retten wird, könnte dies auf sie als Anreiz wirken, doch kein Geld zu spenden. Denn obwohl auch ihnen die Rettung der Kinder nicht unwichtig ist, könnten sie – als Trittbrettfahrer – geneigt sein, die Kosten für »ihr« Kind auf P abzuwälzen. Wenn P aber ankündigt, dass sie nur ein Kind retten wird, dann setzt dies die übrigen Akteure dem angemessenen Druck aus, ihren Pflichtanteil zu leisten.

Aus diesen Überlegungen sollten wir allerdings nicht vorschnell schließen, P sei nicht dazu verpflichtet, möglichst viele Kinder zu retten. Immerhin sterben sonst zwei Kinder, die P zu zumutbaren Kosten hätte retten können! Die Rettung dieser Kinder fällt gewiss stärker ins Gewicht als die Tatsache, dass neun Trittbrettfahrer ihrer Pflicht nicht nachkommen. Die mögliche Ankündigung von Person P, sie werde nur ein Kind retten, würde dadurch aber unglaubwürdig. Wissen die anderen Personen, dass P ihrer moralischen Pflicht nachkommen wird, können sie sich ausrechnen, dass P letztlich doch mindestens drei Kinder retten wird.

Lassen sich diese Kooperationsprobleme lösen? In unserer sozialen Realität ist die Zahl der zu Rettenden oft groß und viele Akteure sind durchaus gewillt, zu helfen, wenngleich sie sich schnell überfordert fühlen. Angenommen, anstelle der zehn Kinder ginge es um deren zwanzig, die existenziell bedroht sind. Zehn Akteure sind allesamt bereits einem Teil ihrer Pflicht nachgekommen und haben je ein Kind gerettet. Nun sind jedoch immer noch zehn bedürftige Kinder übrig. Weitere 2000 Euro abzugeben, um ein zusätzliches Kind zu retten, würde diesen Akteuren jedoch viel abverlangen – sie sind dazu nicht bereit. Könnten sie mit einer zusätzlichen Spende von 2000 Euro aber nicht nur eines, sondern *viele* Kinder retten, würden sie womöglich mit sich reden lassen und das finanzielle Opfer erbringen. Da ihre individuelle Spende jedoch nur ein zusätzliches Kind retten kann und der Verlust von 2000 Euro doch sehr schmerzt, winken sie ab. Ihre moralische Motivation reicht – leider – nicht aus.

Eine Lösung dieses Problems könnte nun wie folgt aussehen. Man stelle sich eine Maschine bzw. einen Mechanismus vor, der es den zehn Akteuren erlaubt, ihre Entscheidungen miteinander zu verketten.[32] Jeder Akteur verfügt

32 Vgl. dazu Reto Givel, »The Button to Make Poverty History & How to Double Your Donation«, in: *Ethical Theory and Moral*

über einen Hebel, der das Folgende bewirkt: Wenn (und nur wenn) alle zehn Akteure ihren Hebel betätigen, kooperieren alle automatisch und spenden je 2000 Euro zusätzlich, so dass die zehn verbleibenden Kinder gerettet werden. Betätigt ein einziger Akteur seinen Hebel nicht, spendet *keiner* die zusätzlichen 2000 Euro. Mit der Betätigung des Hebels garantiert ein Akteur seine Kooperation also exakt für den Fall, dass alle anderen ihre Spenden-Kooperation auch garantieren. Wenn und sobald alle zehn Akteure ihre Hebel betätigt haben, setzt die Kooperation automatisch ein und die Spenden fließen, nämlich zehnmal 2000 Euro, so dass die verbleibenden zehn Kinder gerettet werden. Die zehn Akteure hätten sich durch den Gebrauch des Mechanismus also darauf geeinigt, *dann und nur dann* ihr Geld zu spenden, wenn alle anderen dies auch tun. Auf diese Weise ist es jedem einzelnen Akteur möglich, mit seiner Entscheidung die zusätzlichen Spenden der gesamten Gruppe auszulösen oder zu verhindern. Diese kooperative Strategie hat zur Folge, dass sich der zusätzliche Aufwand (2000 Euro) nun für jeden Akteur moralisch lohnt: Ein jeder Akteur bewirkt nun die Rettung nicht nur eines zusätzlichen Kindes, sondern ganzer zehn. Aus diesem Grund – und nur aus diesem Grund – kommen die zusätzlichen Spenden zustande, und die Kinder werden allesamt gerettet.

Der beschriebene Kooperationsmechanismus ist kein müßig-neunmalkluges Gedankenspiel. Er ist real imple-

Practice 10 (2007) S. 335–338, sowie Adriano Mannino, »Why Leave the Car at Home if That Doesn't Save the Climate? A Consequence-Based Approach to an Altruistic Public Goods Problem«, in: *Grazer Philosophische Studien* 97 (2020) H. 4. S. 693–704.

mentierbar und wird auch schon implementiert. Ein Beispiel liefern etwa die Aktionen zur »Spendenverdoppelung«, wie sie von manchen Hilfswerken und NGOs durchgeführt werden. Zögern zwei (oder viele) potenzielle Spender*innen, einen bestimmten Betrag abzugeben, werden sie miteinander verbunden und können sich darauf einigen, gemeinsam zu spenden – also dann und nur dann, wenn der jeweils andere auch spendet. Auf diese Weise verdoppelt sich der eigene Spendenbetrag aus der Sicht eines jeden, so dass sich die Spende eher lohnt. Nehmen viele Personen an dieser Kooperationsstrategie teil, vervielfacht sich der individuelle Spendenbetrag entsprechend. Die Strategie ließe sich generalisieren und von Geld- auch auf Zeitspenden übertragen, d. h. etwa auf gesellschaftlich-politisches Engagement: Unter der Voraussetzung, dass zehn Personen tatsächlich zögern, sich zu engagieren (weil die geopferte Zeit gar sehr schmerzt), könnten sie sich vertraglich binden, ihre Zeit dann und nur dann zu investieren, wenn die jeweils anderen dies auch tun.

Vor diesem Hintergrund wird deutlich: Im Zusammenhang mit der Makro-Triage, die unsere Notstandswelt erfordert, lautet die entscheidende Frage nicht: »Wie viele rette *ich*?«, sondern kooperativ: »Wie viele retten *wir*?« Eine Welt, in der die Rettung eines Menschenlebens ein Schnäppchen ist – 2000 Euro! –, ist eine tragische, moralisch gefallene Welt. Erginge es in ihr allen Menschen erträglich gut, wäre die Rettung eines Lebens *teuer*. Die Unzahl der Leidenden und am Leben Bedrohten nötigt uns im Grunde jederzeit eine Triage auf, wenn wir Geld ausgeben oder Zeit aufwenden. Dabei bestünde das erste Gebot der Triage natürlich darin, ihre Notwendigkeit nach Kräften zu vermeiden – ob auf der Intensivstation während einer Pandemie, bei der Verteilung von Geldern in der Entwicklungszusammenarbeit oder im Kontext künftiger Krisen. Diesem Gebot können wir nur dann Genüge tun, wenn wir uns – gemeinsam – engagieren und Krisenlagen wirkungsvoll bekämpfen.

Bibliographie

Buchak, Lara: Taking Risks Behind the Veil of Ignorance. In: Ethics 127 (2017) H. 3. S. 610–644.

Couzin-Frankel, Jennifer: From ›Brain Fog‹ to Heart Damage, Covid-19's Lingering Problems Alarm Scientists. In: Science Magazine (31. 7. 2020).

Deutsche Presse-Agentur: Gezielte Corona-Infektionen: Ein guter Weg zum Impfstoff? In: Zeit Online (25.9. 2020).

Deutscher Ethikrat: Solidarität und Verantwortung in der Corona-Krise – Ad-Hoc-Empfehlung. Berlin 27. 3. 2020.

Dietrich, Frank: Medizin am Limit: Wie umgehen mit Versorgungsengpässen in der Pandemie? In: Romy Jaster / Geert Keil (Hrsg.): Nachdenken über Corona. Philosophische Essays über die Pandemie und ihre Folgen. Stuttgart 2021. S. 84–97.

Dorn, Florian [u. a.]: Das gemeinsame Interesse von Gesundheit und Wirtschaft: Eine Szenarienrechnung zur Eindämmung der Corona-Pandemie. IFO-Institut für Wirtschaftsforschung. 12. 5. 2020.

Dufner, Annette / Schöne-Seifert, Bettina: Die Rettung der größeren Anzahl: Eine Debatte um Grundbausteine ethischer Normenbegründung. In: Zeitschrift für Praktische Philosophie 6 (2019) H. 2. S. 15–42.

Ethix: Lab for Innovation Ethics: Umfrage Covid-19. Zürich 21. 4. 2020.

Fateh-Moghadam, Bijan / Gutmann, Thomas: Gleichheit vor der Triage. In: Verfassungsblog – On Matters Constitutional (30. 4. 2020).

Fischer, Gottfried / Riedesser, Peter: Lehrbuch der Psychotraumatologie. Stuttgart 2009.

Givel, Reto: The Button to Make Poverty History & How to Double Your Donation. In: Ethical Theory and Moral Practice 10 (2007) S. 335–338.

Habermas, Jürgen / Günther, Klaus: Kein Grundrecht gilt grenzenlos. In: Die Zeit (6. 5. 2020).

Harsanyi, John: Cardinal Utility in Welfare Economics and in the Theory of Risk-Taking. In: Journal of Political Economy 61 (1953) H. 5. S. 434 f.
– Cardinal Welfare, Individualistic Ethics, and Interpersonal Comparisons of Utility. In: Journal of Political Economy 63 (1955) H. 4. S. 309–321.
Hilgendorf, Eric: Tragische Fälle – Extremsituationen und strafrechtlicher Notstand. In: Ulrich Blaschke [u. a.]: Sicherheit statt Freiheit? Staatliche Handlungsspielräume in extremen Gefährdungslagen. Berlin 2005.
Hörnle, Tatjana: Dilemmata bei der Zuteilung von Beatmungsgeräten. In: Verfassungsblog – On Matters Constitutional (2020).
Hoven, Elisa: Auch auf das Alter kommt es an. In: Frankfurter Allgemeine Zeitung (31. 3. 2020).
Huster, Stefan: Grenzen der Solidarität. In: Verfassungsblog – On Matters Constitutional (22. 3. 2020).
John, Tyler / Millum, Joseph: First Come, First Served? In: Ethics 130 (2020) H. 2. S. 179–207.
Johri, Mira [u. a.]: The Importance of Age in Allocating Health Care Resources: Does Intervention-Type Matter? In: Health Economics 14 (2005) H. 7. S. 669–678.
Karagiannidis, Christian [u. a.]: Case Characteristics, Resource Use, and Outcomes of 10,021 Patients With COVID-19 Admitted to 920 German Hospitals: An Observational Study. In: The Lancet Respiratory Medicine 8 (2020) H. 9. S. 853–862.
Kirby, Tony: Covid-19 Human Challenge Studies in the UK. In: The Lancet Respiratory Medicine 8 (2020) H. 12. S. 96.
Levin, Andrew [u. a.]: Assessing the Age Specificity of Infection Fatality Rates for Covid-19: Systematic Review, Meta-Analysis, and Public Policy Implications. In: European Journal of Epidemiology 35 (2020) S. 1123–38.
Lorenz, Pia: Strafrechtler diskutieren über Triage: Wie entscheiden, wer sterben muss? In: Legal Tribune Online (8. 10. 2020).
Lübbe, Weyma: Nonaggregationismus: Grundlagen der Allokationsethik. Paderborn 2015.

– Corona-Triage – Ein Kommentar zu den anlässlich der Corona-Krise publizierten Triage-Empfehlungen der italienischen SIAARTI-Mediziner. In: Verfassungsblog – On Matters Constitutional (15. 3. 2020) / Zeitschrift für medizinische Ethik 66 (2020) H. 2. S. 241–244.
Mannino, Adriano: Why Leave the Car at Home If That Doesn't Save the Climate? A Consequence-Based Approach to an Altruistic Public Goods Problem. In: Grazer Philosophische Studien 97 (2020) H. 4. S. 693–704.
– / Mukerji, Nikil: Das Trolley-Problem: Ein mehrgleisiger Lösungsversuch. In: Judith Jarvis Thomson: The Trolley Problem / Das Trolley-Problem (Englisch / Deutsch). Hrsg. von A. M. / N. M. Stuttgart 2020. S. 99–164.
Marckmann, Georg [u. a.]: Entscheidungen über die Zuteilung intensivmedizinischer Ressourcen im Kontext der Covid-19-Pandemie (Klinisch-ethische Empfehlungen der DIVI [u. a.]). In: Medizinische Klinik – Intensivmedizin und Notfallmedizin 115 (2020) S. 477–485.
McMahan, Jeff: Killing, Letting Die and Withdrawing Aid. In: Ethics 103 (1993) H. 2. S. 250–279.
Merkel, Reinhard: Beatmung in der Medizin: Eine Frage von Recht und Ethik. In: Frankfurter Allgemeine Zeitung (4. 4. 2020).
Mukerji, Nikil / Mannino, Adriano: Covid-19: Was in der Krise zählt – Über Philosophie in Echtzeit. Stuttgart 2020.
– Beginn einer neuen Pandemie: Die Gefahr der Virusmutante wird sträflich unterschätzt. In: Tagesspiegel (6. 1. 2021).
Murphy, Liam: The Demands of Beneficence. In: Philosophy & Public Affairs 22 (1993) H. 4. S. 267–292.
Nozick, Robert: Anarchy, State and Utopia. New York 1974.
O'Driscoll, Megan [u. a.]: Age-Specific Mortality and Immunity Patterns of SARS-CoV-2. In: Nature (2020) S. 1–8.
Österreichisches Sozialministerium: FAQ: Risikogruppen (2020).
Palmer, Boris: »Wir retten möglicherweise Menschen, die in einem halben Jahr sowieso tot wären«. In: Die Welt (28. 4. 2020).
Parfit, Derek: Reasons and Persons. Oxford 1984.
Rawls, John: A Theory of Justice. Cambridge 1971.

Regalado, Antonio: Some Scientists are Taking a DIY Coronavirus Vaccine, and Nobody Knows if it's Legal or if it Works. In: MIT Technology Review (29. 7. 2020).
Ritchie, Hannah [u. a.]: Mortality Risk of Covid-19: Case Fatality Rate of Covid-19 by Age. In: Our World in Data (31. 8. 2020).
Robert-Koch-Institut: Informationen und Hilfestellungen für Personen mit einem höheren Risiko für einen schweren Covid-19-Krankheitsverlauf. 2020.
Rönnau, Thomas / Wegner, Kilian: Grundwissen Strafrecht: Triage. In: Juristische Schulung 60 (2020) S. 403–407.
Sandel, Michael: What Money Can't Buy – The Moral Limits of Markets. New York 2012.
Schöne-Seifert, Bettina: Wen soll man sterben lassen? In: Frankfurter Allgemeine Zeitung (31. 3. 2020).
Schweizerische Akademie der Medizinischen Wissenschaften: Covid-19-Pandemie: Triage von intensivmedizinischen Behandlungen bei Ressourcenknappheit. 2020.
Schweizerisches Bundesamt für Gesundheit: Neues Coronavirus: Besonders gefährdete Personen. 2020.
SIAARTI: Raccomandazioni di etica clinica per l'ammissione a trattamenti intensivi e per la loro sospensione, in condizioni eccezionali di squilibrio tra necessità e risorse disponibili (Klinisch-ethische Empfehlungen für die Aufnahme und Aussetzung von Intensivbehandlungen unter außergewöhnlichen Bedingungen eines Ungleichgewichts zwischen Bedürfnissen und verfügbaren Ressourcen). In: Recenti Progressi in Medicina 111 (2020) H. 4. S. 207–211.
Singer, Peter: Famine, Affluence, and Morality. In: Philosophy & Public Affairs 1 (1972) H. 3. S. 229–243.
Toulmin, Stephen: How Medicine Saved the Life of Ethics. In: Perspectives in Biology and Medicine 25 (1982) H. 4. S. 736–750.
Wallace-Wells, David: We Had the Vaccine the Whole Time. In: Intelligencer (7. 12. 2020).
Walter, Tonio: Lasst das Los entscheiden! In: Zeit Online (2. 4. 2020).
Weyh, Florian-Felix: Die Ärzte als tragische Helden. In: Deutschlandfunk Kultur (16. 4. 2020).

Wirth, Mathias [u. a.]: The Meaning of Care and Ethics to Mitigate the Harshness of Triage in Second-Wave Scenario Planning During the Covid-19 Pandemic. In: American Journal of Bioethics 20 (2020) H. 7. S. W17–W19.
World Bank: Reversals of Fortune. In: The World Bank Poverty and Shared Prosperity Series (2020).
World Medical Association: WMA Declaration of Helsinki: Ethical Principles for Medical Research Involving Human Subjects. 2013.

Danksagung

Für die kritische Durchsicht des Manuskripts und viele hilfreiche Kommentare danke ich Marina Moreno, Florian Chefai, Nikil Mukerji, Nadine Zimmermann, Patrick Meinrad Müller, Andrea Seiler und Kurt Keller ganz herzlich.

Zum Autor

Adriano Mannino ist Philosoph und Sozialunternehmer. Er forscht an der Ludwig-Maximilians-Universität München im Schnittbereich von Entscheidungstheorie, Ethik und politischer Theorie und leitet das Solon Center for Policy Innovation der Parmenides Stiftung in München-Pullach.

Teile des Kapitels 5.3 entstammen: Nikil Mukerji / Adriano Mannino, *Was kann die Wissenschaft bei Pandemien leisten?* (unveröffentlichtes Manuskript)